ラームとの講和

の共存をめざして

内藤正典 Naito Masanori
中田 考 Nakata Ko

a pilot of wisdom

目次

カザフスタン
カスピ海
ウズベキスタン
キルギス
タシケント
バクー
トルクメニスタン
中華人民共和国
(新疆ウイグル自治区)
タジキスタン
ドゥシャンベ
アシガバート
テヘラン
カブール
イスラマバード
アフガニスタン
イラン
パキスタン
ニューデリー
ペルシャ湾
バーレーン
ドーハ
カタール
カラチ
アラブ首長
国連邦
マスカット
インド
アラビア海
オマーン

中東地図

ハンガリー
モルドバ
ウクライナ
ルーマニア
クロアチア
ロシア
ボスニア・ヘルツェゴビナ
セルビア
黒海
モンテネグロ
コソボ
ブルガリア
ジョージア
ティビリシ
マケドニア
イスタンブール
アルバニア
アゼルバイジャン
イタリア
アンカラ
エレバン
ギリシャ
エーゲ海
アルメニア
トルコ
アテネ
イズミール
チェシメ
ラッカ
モスル
ニコシア
シリア
IS
キプロス
レバノン
地中海
ダマスカス
バグダッド
アンマン
エルサレム
ヨルダン
イラク
イスラエル
カイロ
クウェート
リビア
エジプト
マディーナ
リヤド
サウジアラビア
マッカ
紅海
スーダン
チャド
サナア
エリトリア
ハルツーム
イエメン
アデン湾
ジブチ
ソマリア
エチオピア
中央アフリカ
南スーダン

はじめに　「文明の衝突」を超えるために

内藤正典

二〇一五年夏、トルコのエーゲ海に面するチェシメという小さな町に滞在していた。ある夜、私の家の前の崖《がけ》から、シリア難民の若者が這《は》い上がってきた。仲間たちと幾手かに分かれて上がってきたのだが、真っ暗な崖を登るうちにはぐれてしまったらしい。密航業者に騙《だま》されたのか、ボートに問題があったのか、対岸のキオス島に渡るのをあきらめたのだ。日本の大学で見かける学生と同じような姿。手にはスマートフォン、トートバッグ一つ。

青年はグーグル・アースを使って自分の居場所を確認しようとしていたので手伝った。聞けば、三年前にダマスカスを出て各地をさまよい、その後トルコに入り、ついに西端の大都市イズミールまで来た。手配師に金を渡し、さらに一〇〇キロちかく離れたチェシメの海岸から、ギリシャに渡ろうとしたのだと言う。家族がどこにいるのかは聞きそびれたが、彼は一人だった。密航業者との連絡はとれない。こうした密航の斡旋《あっせん》の場合、選択の余地はほとんどなく、業者の話を信じるだけだそうだ。

隣家の人が、「食べ物をもってこようか」と言うと、シリア人がよくやるのだが、あごをしゃくり上げるようにして「要らない」と言うので、水を差し入れた。どこに行くのかを尋ねると、イズミールに戻るという。この時間にバスはない。近くの町に行くミニバスも終わっている。一〇〇キロの道を青年は歩いていくという。私は近くのターミナルの場所と、幹線道路までの道順を教えた。青年はまだ二〇歳そこそこ。学生だったが内戦の悪化で勉強を続けられずシリアを脱出したという。難民の多くと同じように彼もまた、ドイツへ行きたいという。ターミナルへ向かって遠ざかる彼の背中を見ながら、無事、家族と会えることを祈ったが、彼はたどり着くことができただろうか。

戦地となった故郷を逃れてきた難民が密航業者に騙され、ボートが来なかったり、船に乗せられたもののトルコの浜で「ここがギリシャだ」と嘘《うそ》をつかれ、難民が放り出されるケースが急増している。そして首尾よくボートに乗れたとしても、無事に海を渡れる保証はない。途中で難破するケースが相次ぎ、幼児に至るまで、多くの犠牲者がでていることは報道のとおりである。二〇一五年は約三八〇〇人もの人々が地中海を渡る死の航海で命を落とした。

一方でトルコとギリシャに限って言えば、一時間で渡れるフェリーは至る所にある。チェシメからキオス島も、高速船ならわずか二〇分である。だが難民がこれに乗ることはできない。両国の国境管理が、それを許さないからだ。ここに、本書で対談する二人が共通に抱く根源的問題意識の一端がある。国家が持つ「領域の壁」である。旅行者としてギリシャ側に渡ろうとするなら、有効なパスポートと往復でも三二ユーロの乗船券を買えば済む。難民は、パスポートなど持っていないことが多いし、たとえ持っていてもフェリーで行けばギリシャ側の国境検問を通らねばならない。ギリシャの入国ビザを持っている難民などまずいないから、この安全で安い方法は使えない。パスポートもビザもなく、密航業者に一人一〇〇〇～一五〇〇ユーロを払って「死の航海」に乗り出し、運良くギリシャに流れ着いたならば、「難民」としてEUに受け入れられるのである。こんな非道があろうか。

＊

この本の企画に際して、念頭にあったのは、難民をはじめとした今の世界の深刻な状況であった。イスラーム世界のごく一部にすぎないが、それでも、シリア、トルコ、そしてヨーロッパのムスリム（イスラーム教徒）の社会を三五年あまり見てきた私にとって、これほど、ムスリムと非ムスリムが敵対的な関係になろうとは思ってもみなかった。ムスリム同士が、これほど殺し合う関係になろうとも、思わなかった。

一九九〇年代に入って、西欧諸国の側から「二一世紀の敵はイスラームだ」という声が聞かれるようになった時、すでに不安は感じていた。サミュエル・ハンチントン[*1]が「文明の衝突?(The Clash of Civilizations?)」という題の論考を"Foreign Affairs"に発表して話題になった時、多くの知識人は彼の唱えた説を「たわごと」と受け流していた。ただ単に「文明が異なるから衝突するのだ」というだけでは論拠のない話だと私も思っていたが、軽視はしていなかった。なぜなら「文明の衝突」は、シナリオとしては良くできていたからである。

どんなに荒唐《こうとう》無稽《むけい》であっても、シナリオ・ライターがいて、アクターとスポンサーがいれば、一大スペクタクルに仕立て上げることができる。それから二〇年、アメリカやロシアのような軍事大国、フランスのような言説の大国は、このシナリオどおりに動いた。もちろん、対するイスラーム主義勢力の側も、呼応するかのようにアルカイダ[*2]やＩＳ[*3](イスラーム国)のような「敵役」が登場して暴虐の限りを尽くし世界を震撼《しんかん》させた。この一五年ほどの間、私たちは、まさかこんなことが起きるとは、と思いつつ、惨劇としての大スペクタクルを目の当たりにしてきた。

「衝突」の背景――9・11からサウジアラビアとイランの対立まで

二〇〇一年の9・11同時多発テロは、突然、起きたものではない。それまでにも、ある種、イスラームを純化し、現実の世の中に適用させようとする動きがでていた。一九八〇年代頃から盛んになったイスラーム復興運動である。だが、中東・イスラーム世界の国々は、ことごとくそれを弾圧し、運動の担い手たちを投獄し、処刑し、追放した。これらの国は、アメリカやロシアを後ろ盾として守ってもらったために、運動家たちから激しい敵意を受けた。こうして、イスラーム主義勢力の中には、彼らの母国でのイスラームの復興から、欧米に対する暴力的ジハード[*4]へと目標を変える者たちがでてきた。

それから、まさに「文明の衝突」を地で行く暴力の応酬が繰り広げられた。アメリカは世界に向けて「文明か、野蛮か、どちらの側につくのか?」と恫喝《どうかつ》した。アルカイダをかくまったという理由でタリバン[*5]政権を打倒するためにアフガニスタンに侵攻し、頼まれもしないのに、欧米型の民主国家をつくると主張して介入した。だが、それから一五年を経てもなお、アフガニスタンは平和には程遠い。タリバンは、外国軍が駐留する限り戦闘をやめないし、今では、そのタリバンも分裂してISに同調する勢力が誕生した。

さらに無謀だったのは二〇〇三年のイラク戦争だった。世俗的な独裁者サッダーム・フセイン[*6]はイスラーム主義とは無関係で、開戦の根拠もなかったのにブッシュ政権は戦争に乗り出した。私は、ただでさえ脆弱《ぜいじゃく》なイラクの秩序が崩壊すると分かっていて戦争を起こしたことにやりきれない思いをもっている。実際、イラク戦争後長らく首相を務めたマリキの政権はシーア派[*7]に利益を誘導し、スンナ派[*8]は利権から追放された。イラク戦争で一貫してアメリカを支持したクルド[*9]はその見返りに半ば独立国の地位を得た。そして、二〇一四年にはスンナ派地域からISが台頭したのである。

二〇一五年、シリアでは五年にわたる内戦によって国民の半数、一〇〇〇万人以上という途方もない数の人々が難民・国内避難民となった。戦闘の犠牲者も二六万人を上回った。しかも多くはアサド[*10]政権軍が反政府勢力の討伐を名目に自国民を攻撃したことによる死者である。

二〇一一年に民主化の動きがシリアに波及した時、私はこの運動の結果を危惧《きぐ》していた。

三十数年前、私がこの国に留学していた当時も、今回の内戦よりも規模は小さいが反政府勢力によるテロが起きた。その時、これを政府軍がいかに苛烈《かれつ》な弾圧で抑え込んだかを知った。一九八二年には、政府軍がハマという都市を包囲して徹底的な攻撃を加え、住民を飢餓に追い込み、虐殺した。どれだけの市民が犠牲となったのかは、いまだに分からない。

「アラブの春」[*11]と呼ばれた民主化運動は、シリアにおいて最悪の人道の危機をもたらしたのである。

アサド政権の側には、ロシア、イラン、ヒズブッラー[*12]などがついて参戦した。無数の反政府勢力側にはジハード主義組織もあれば、世俗的な組織もある。さらに、ＩＳがイラクから伸張してシリア北部に展開し、もともとそこにいたクルドのＰＹＤ[*13]（クルド民主統一党）の武装組織ＹＰＧと激しい戦闘を繰り広げた。アメリカなどは、このクルド組織を支援してＩＳと戦わせようとしたが、彼らは共産主義ゲリラであり、トルコ国内では兄弟組織のＰＫＫ[*14]（クルディスタン労働者党）がテロを繰り返してきた。トルコはシリアと九〇〇キロ以上の国境で接しているから、南の隣国シリアの混迷はただちにトルコを揺るがすことになった。

国を持てなかった最大のマイノリティ、クルド民族はこの騒乱に彼らの独立の夢を託している。そのことは、既存の国境線を変更することを意味するから、さらに血みどろの戦闘が続くことになる。クルドは、トルコ、シリア、イラン、イラクにまたがって暮らしてきたからである。トルコはＩＳとの戦闘でイラクのクルド地域政府（ＫＲＧ）を支援する一方、国内のＰＫＫをテロ組織として壊滅するための軍事作戦を継続中である。いわば、クルドの分断をはかっている。ロシアやイランは、トルコを非難し、クルド地域政府ではなくイラク中央政府の意向を尊重せよと主張する。だがその中央政府は、シーア派イランの影響下にあって、スンナ派やクルドを糾合して国民統合をはかろうとはしない。

アメリカはアフガニスタンとイラクでの失敗に懲りて、シリアへの軍事介入は対ISに限り、シリア内戦を放置してきた。一方、二〇一五年の秋から本格参戦したロシアは、「アサド政権に刃向かう者たちは皆テロリストだ」と主張して、ISよりも反体制派への攻撃を重視し、市民の犠牲者を増やしてきた。

イランは、核開発問題でアメリカなどと合意に達したことで国際社会への復帰を狙《ねら》っているが、いささか性急に事を運びすぎてきた。イエメン内戦に介入してサウジアラビアと真っ向から対立したのだ。二〇一六年一月二日、サウジアラビアは国内のシーア派指導者を処刑してシーア派と戦端を開くことをアピールした。反発したイランの市民がテヘランのサウジアラビア大使館を襲撃したため、サウジアラビアはイランとの国交断絶を宣言してしまった。イランは、すでにイラク中央政府を手中にしたも同然で、シリアではアサド政権を支援し、レバノンではシーア派のヒズブッラーを支援しているのだから、イランからレバノンまで、シーア派ベルトの構築に成功しつつある。

数の上では圧倒的に多いはずのスンナ派勢力は、シーア派の台頭に神経をとがらせている。

ISに対する諸国民のイメージ

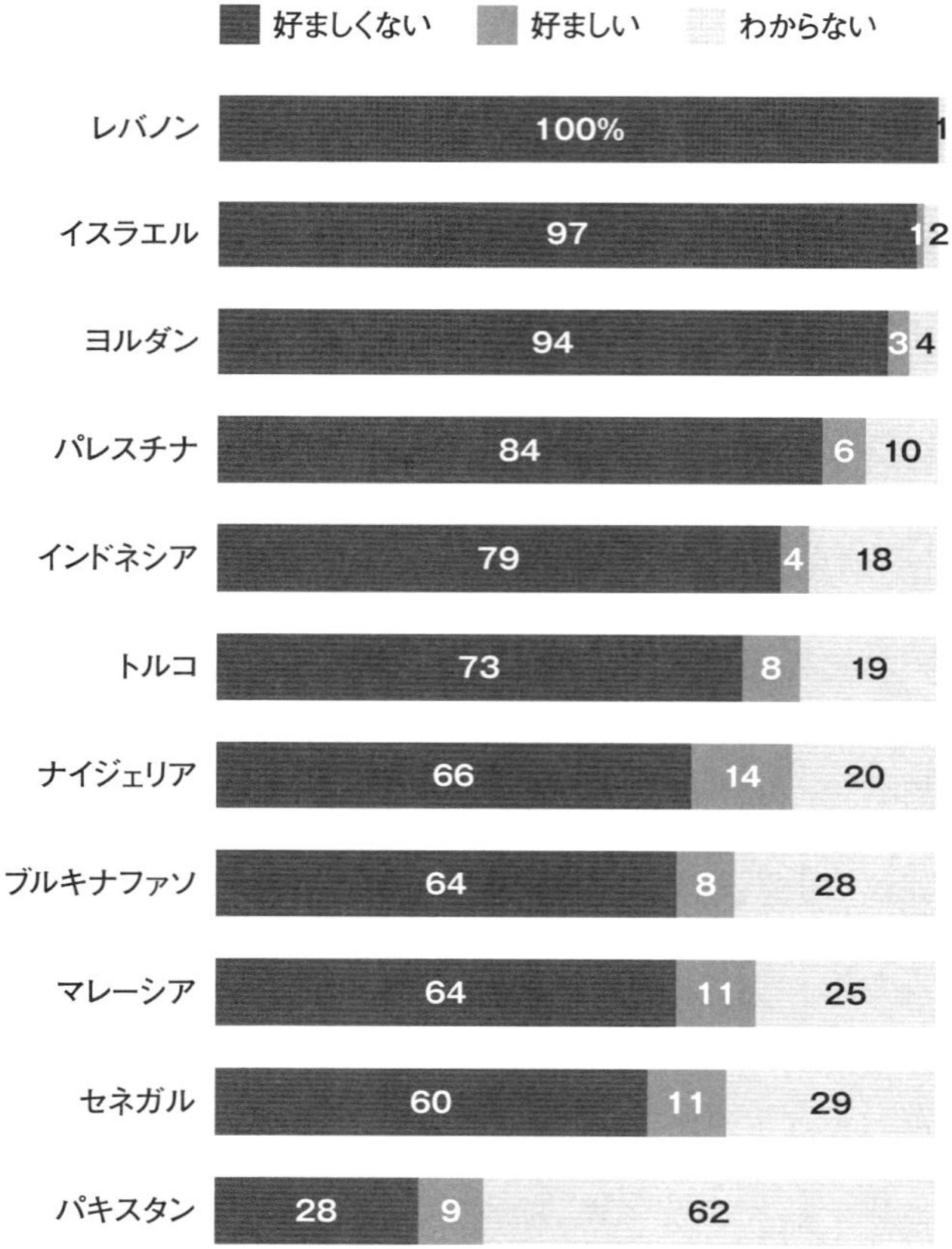

PEW RESEARCH CENTER調べ
＊四捨五入のため、内訳合計が100%にならない場合があります

イランと国交断絶に踏み切ったサウジアラビアをはじめとして、スンナ派の焦りは、新たな衝突をつくり出そうとしている。スンナ派からみればISはテロ組織ではあっても、彼らが対シーア派闘争の尖兵《せんぺい》となっているのは、それほど悪いことではない。

スンナ派ムスリムの世界で、必ずしもISはテロ組織として断罪されてはいないことに、私たちは注意を払わねばならない。トルコでも、マレーシアでもパキスタンでも五パーセントから一〇パーセントの同調者がいるといわれているが、これだけで一〇〇〇万人は軽く上回る。なぜ、そんなに多数の同調者がいるのかと言えば、先に述べたように、イスラームの復興による世直し運動を叩《たた》き潰したことに原因がある。これは敬虔《けいけん》であるけれど、暴力性のなかったイスラーム復興運動を体制の維持にとって障害になるとして、片端から弾圧しまくってきた結果なのである。対談で詳しく議論するが、サラフィー主義者であり、かつジハーディストでもあるISは、原因もなく突然変異のように登場したわけではない（序章で詳説）。

西欧とイスラーム

さて、目をヨーロッパに転じてみよう。序章の冒頭で二〇一五年一一月に起きたパリのテロを扱うので、ここでは、過去二〇年のヨーロッパにおけるムスリムの状況を概観しておこう。

ひと言で言えば、ヨーロッパ各国の社会は程度の差こそあれ、反イスラームに傾斜を強め、ヨーロッパ在住ムスリムは、ヨーロッパ的なるものに背を向けた二〇年だった。９・11の同時多発テロ事件は、この傾向を急激に悪化させたが、冷戦が終わるころから西欧社会とムスリム社会の反目はすでに始まっていた。９・11の直後から、信じられないくらいにムスリムへの反感と暴力を強めたのは「寛容の国」オランダであった。ＬＧＢＴ（性的少数者を限定的に指す言葉）には優しいがムスリムには寛容の精神は機能しなかったのである。

フランスは独自の世俗主義をムスリムに強要したことが深刻な対立をつくりだした。ドイツは、最初からムスリムの移民に居場所を与えようとしなかった。「居てもいいよ、だけど君たちの居場所はないと思うけどね」と言い続けたのがドイツ社会である。かつてムスリム世界を植民地として支配した英国は、フランスよりも洗練された形式——世の中ではそれを「多文化主義」と呼んでいたが——でムスリムを隔離し、できるだけ見ないで済ますやり方をとった。だが、それが移民たちの孤立をうみ、二〇〇五年七月のロンドン同時多発テロをまねいた。

多文化主義といえば聞こえはいいが、要するに、見たくない連中を隔離して移民街をつくらせ、そこにさまざまな移民向けの異文化サービスを自治体がつけてくれるというにすぎない。移民たちの母語を話せる市の職員を配置するのもその一つである。英国は、みごとにそれをやり通したのだが、結果として、容易には手をつけられないほどに移民が集中する地区をロンドンにもバーミンガムにもカーディフにもつくってしまった。

いずれの国も結果は同じだった。「ムスリムはでて行け」「イスラームは嫌いだ」が国民のかなりの声となったのである。こうして、母国での貧困や宗教弾圧から逃れた人々にとってサンクチュアリ（聖域）だったヨーロッパ諸国は、次第にオープンな監獄と化していった。ここでも敬虔で暴力性のないムスリムは徐々に居場所を失っていった。

中東・イスラーム世界でも、欧米の世界でも、居場所を失ったムスリムはどこへ行けばよいのか？　これが本書の重大な問いなのである。ＩＳは彼らに向かって手招きしている。世界のムスリムは一六億人を超えるといわれる。それに吸い寄せられるムスリムの比率が、一〇万人に一人なら一万六〇〇〇人のテロリストが生まれ、一万人に一人ならば一六万人のテロリストが生まれる計算になる。世界は、この状況とどう戦えるというのか？

＊

その問いに向き合うために、私とイスラーム学者の中田考先生とで対談をした。西欧とイスラームとの関係について、私は、もはや両者の関係は「水と油」で、どこまでいってても交わることのないものであるという現実を一度、直視したうえでないと衝突を抑止できないと考えている。どちらかが相手をねじ伏せることも、啓蒙《けいもう》することもできない。

この前提に立って、「講和」という新たな観点から、暴力の応酬を止められないかと考えた。言い換えれば「休戦」の方途を探るということである。また、イスラーム学の立場から中田先生によるイスラーム的講和のありかたについての見解を巻末に収めている。

＊1　サミュエル・ハンチントン　一九二七年生〜二〇〇八年没。ハーバード大学政治学教授。同大学ジョン・オリン戦略研究所ディレクター兼務。一九七七〜七八年アメリカ国家安全保障会議、安全保障政策担当コーディネーターを務める。アメリカを代表する戦略論の専門家。

＊2　アルカイダ　イスラーム主義武装闘争派のネットワーク。カイダとは基地や基盤を意味する言葉。一九七九年ソ連のアフガニスタン侵攻の際に、アメリカやサウジアラビアの支援を受けてパキスタンを後背地に抗戦を展開した義勇兵の組織が発祥とされる。パキスタンのほか、中東、アフリカ、インド、東南アジアとイスラーム世界各地での活動が確認されている。ネットワークといってもそれほど組織だったものではない、という分析もある。

＊3　ＩＳ　イスラーム国。スンナ派イスラーム主義のもと、シリアとイラクにまたがる地域を支配するサラフィー・ジハーディ組織、あるいは国家。首都はラッカ。「イラクとレバントのイスラーム国」（Islamic State in Iraq and the Levant：ＩＳＩＬ）、「イラクとシャームのイスラーム国」（Islamic State of Iraq and al-Sham：ＩＳＩＳ）とも。前身の組織は二〇〇三年のイラク戦争以来、イラク国内でゲリラ戦を行う。二〇一四年初頭シリア側からイラクを侵攻し、反シーア派政権的な状況を利してモスルをはじめ諸都市を制圧。同年六月建国を宣言。同年八月の米軍による空爆以来、有志連合参加国、ロシアと交戦状態にある。イスラーム主義の義勇兵がヨーロッパ、北アフリカ、中東、中央アジア各地から集結しているが、旧バアス党の軍人や警察組織の人間も多く合流している。

＊4　ジハード　イスラーム法学の専門用語としてのジハードは、「イスラームの大義のための異教徒との戦争」を意味する。しかし、ムハンマドの言行録である『ハディース』には、いちばん大切なジハードは自分との戦いである、という言葉もあり、そこからジハードには自分の弱い心を乗り越える、克己の意味もある。これを武力による戦闘とは区別して、「大ジハード」と呼ぶ。武力による戦闘は「小ジハード」とされる。

＊5　タリバン　アフガニスタンのイスラーム主義者集団。「イスラーム神学生」「求道者」の意。ソ連撤退後のムジャーヒディーンの軍閥による内戦を終息させ、アフガニスタン・イスラーム首長国を樹立し、国土の大半を支配した。バーミヤンの石仏を破壊したことなどで国際社会との対立を招き、二〇〇一年のアメリカ同時多発テロの指導者ウサマ・ビンラディンをかくまったとし

てアメリカ軍の攻撃を受け、同年一一月に政権は崩壊したが、二〇〇六年以降再び勢力を挽回している。パキスタンのTTP（パキスタン・タリバン運動）とは別組織。

＊6　サッダーム・フセイン　一九三七年生〜二〇〇六年没。イラク、バアス党の政治家。一九七九年大統領に就任後、一九八〇年イラン・イラク戦争を起こす。一九九〇年にはクウェートに侵攻するが、一九九一年に多国籍軍を相手にした湾岸戦争に敗北。二〇〇三年のイラク戦争で米軍に身柄を確保され、二〇〇六年イラク高等法廷の判決で死刑に。

＊7　シーア派　「シーア」は党派を意味し、預言者ムハンマドの死後、その娘ファーティマの夫であり従弟であったアリーとその子孫を正統な後継者、指導者であるイマームとみなし、その権威の絶対性が強調された宗派。ホメイニ師を指導者として、一九七九年のイラン・イスラーム革命を成し遂げた十二イマーム派、ほか、アラウィー派、ザイド派、イスマイール派などの分派がある。全ムスリムの八割がスンナ派で二割をシーア派が占める。

＊8　スンナ派　預言者ムハンマドのスンナ（言行）に従う人々の意。ムスリムの中で多数派を占める。伝統的な正統神学を持ち、ウンマ（共同体）を重んじ、これを超越する個人的な権威は認めない。

＊9　クルド　トルコ、イラク、イラン、シリア、カフカスと広範囲にまたがるクルディスタン山岳地帯に居住する民族。人口は二五〇〇万〜三〇〇〇万人といわれ、大半はスンナ派。一九二〇年、セーブル条約でクルドの独立が約束されたが、一九二三年のローザンヌ条約によって白紙に戻されたため、「国家なき最大の民族」として、各地域で迫害された。

＊10 **アサド**　バッシャール・アル・アサド。一九六五年生。シリア大統領。シーア派の異端的少数派アラウィー派の出自の前大統領ハーフィズ・アサドの次男。ロンドンに留学し、眼科医としての研修を受けた。その後陸軍士官学校に入学、軍人に。父の指揮の下、政治腐敗追放キャンペーンを展開し、汚職の疑いのある政府高官を解任、逮捕に追い込み、同時に治安、情報機関を身内で支配するなど権力基盤を固める。二〇〇〇年父の死去を機に、軍最高司令官とバアス党の書記長に選出。国民投票で大統領に就任。当初マスコミ規制の緩和やＩＴの導入などリベラルな改革を進めていたが、アラブの春に端を発する二〇一一年の反政府運動以来、ロシア、イラン、中国、北朝鮮、レバノンのヒズブッラーなどの支援を背景に反政府勢力に徹底的な弾圧を加え内戦化を招いた。

＊11 **アラブの春**　二〇一〇年末、チュニジアで始まった長期独裁政権打倒デモによって、翌二〇一一年政権が崩壊したことに端を発する、中東の民主化運動の総称。その余波はエジプト、リビア、シリアなどに及んだ。だが、運動の結果生まれたエジプトのムスリム同胞団政権は一年ほどで軍事クーデターによって潰され、シリアではアサド政権の強権的な弾圧から内戦にまで発展した。

＊12 **ヒズブッラー**　イスラエルとの徹底抗戦を主張するイスラミック・アマル運動とイスラームの復興を期すダアワ党の流れを汲《く》む、レバノンのシーア派組織。設立は一九八二年頃。シリアのアサド政府を支援している。レバノン国内においては、議会の議席獲得による合法活動を拡大している。

＊13　ＰＹＤ　民主統一党。トルコのクルド分離主義組織ＰＫＫのシリアにおける兄弟組織。軍事部門にＹＰＧ（人民防衛隊）を擁する。トルコ側に近いシリアのコバニで、二〇一四年から二〇一五年にかけて、ＩＳと大規模な戦闘を交えた。

＊14　ＰＫＫ　Partiya Karkerên Kurdistan クルディスタン労働者党。トルコ南東部でクルド人国家の樹立に向けて活動をしている分離主義の共産主義組織。一九七〇年代、アンカラ大学に在学していたアブドゥッラー・オジャランが指導者になり、一九七八年に「クルディスタン労働者党」を結成。トルコ、ＥＵ、アメリカ等がテロ組織に指定している。

序章

世俗主義とイスラームの衝突

2015年11月13日に起きた襲撃事件を受けて厳戒態勢のパリ

テロ事件と加害者としてのフランス

内藤　二〇一五年の一一月一三日にパリで起きた襲撃事件から始めましょう。「パリ同時多発テロ」と報道されるこの事件は、一月七日に起きた風刺新聞社のシャルリー・エブド襲撃事件に続いて、フランス社会に大きな衝撃を与えました。事件の全容はいまだに不明ですが、パリ市街と郊外のサン＝ドニ地区の商業施設、ドイツ対フランスの親善試合が行われ、オランド大統領が観戦していたサッカースタジアムが、複数のジハーディストと見られるグループに襲撃され一三〇人を超える死傷者をだしました。今回この事件が、なぜパリで起きたかという理由を、まず中田先生からお願いします。

中田　あの事件はムスリムが起こしたという言い方もできますが、一方で実行者にはヨーロッパで生まれた人間も含まれていますから、ヨーロッパ人が起こした事件ということもできる。両方の側面があるわけです。事件の原因を動因と誘因に分けて動因をイスラーム側のプロパー（特有のもの）とした場合、誘因はヨーロッパの側にあります。

ヨーロッパの中でなぜフランスが狙われたかを考えると、歴史を遡《さかのぼ》ればイスラーム側からはいくつも説得力のある理由が考えられます。今回の事件に関して最初に思い至るのは、かつてのオスマン帝国を勝手に分割した一九一六年のサイクス＝ピコ協定ですね。二〇一四年六月にISはアブー・バクル・アル＝バグダディがカリフを名乗ってから、「サイクス＝ピコ協定を破棄した」という言い方をしています。

内藤　言うまでもなく現在の中東の国境線は、第一次世界大戦のあとヨーロッパ人によって引かれたもので、協定の名前にもなっていますが、線引きに関わった人物がイギリス人のマーク・サイクス、もう一人がフランス人のフランソワ・ジョルジュ＝ピコでしたね。

中田　ええ。地図を見れば分かるとおりヨーロッパのように対立と妥協の歴史を通じて引かれた国境線はうねうねとしていますが、中東から北アフリカにかけての国境線は定規で引いたように直線で、なかには直角の国境線もあります。そんな不自然な分割と統治をしていた加害者としての責任がフランスにはある、ということです。

フランスとイギリスはそれぞれ多くの植民地を支配していました。イギリスは現地の習慣、制度を温存するやり方でしたが、フランスは建前ではフランスの自由、平等、同胞愛の理念を掲げながら、イスラームの人たちを平等に扱わないどころか、ひどい虐待を行っていました。それで失敗したわけですが、その典型的なモデルがアルジェリアです。一九五〇年代の独立戦争[*4]では一〇〇万人近くの人たちが死にました。まだそう昔のことではないですし、アルジェリ

サイクス＝ピコ協定によって分割された第一次世界大戦後の中東

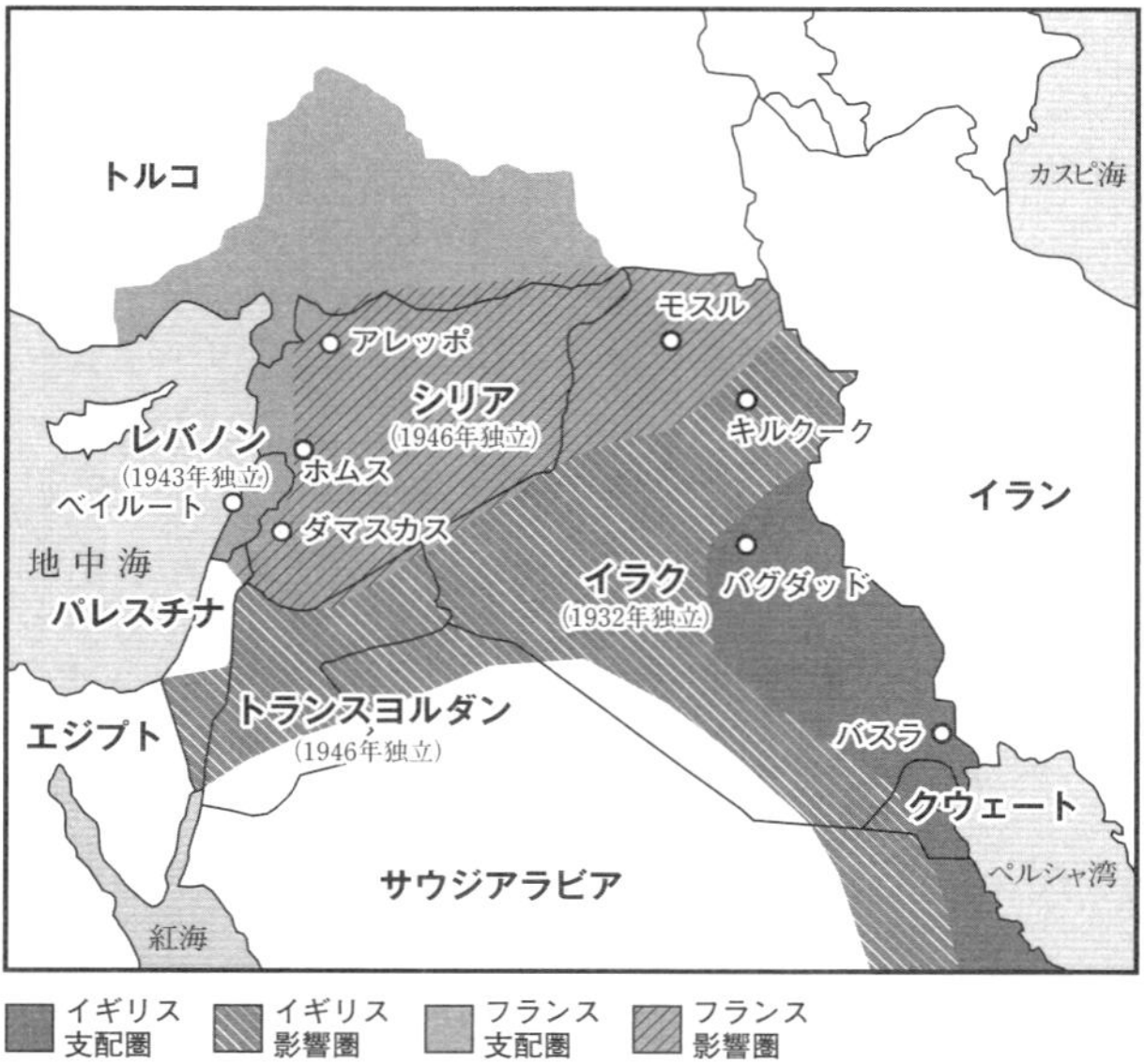

ア戦争を実際に体験した人たちも生きています。

内藤　アルジェリアからフランスに移民した人たちは、今も自分たちがフランスから愛されているとは思っていないでしょうね。後で詳しく触れますが、「自由、平等、同胞愛」という「普遍的価値」を掲げながら、実質的にムスリム移民は構造的に差別され、冷遇されてきたという経緯がありますから。

中田　そうですね。さらに新しいところでは、二〇一三年のマリへの軍事攻撃[*5]もあります。国際法に則《のっと》って見ればマリの政府がフランス政府に軍事援助を頼んだわけですから、問題はないとも言えます。でもイスラームの論理から言えば、まったく理解できません。イスラームの国がイスラーム法に基づく支配をしていたところになぜフランス軍が介入するのか分からない。

その次に、フランスを含む有志連合によるＩＳ攻撃への報復ですね。よく日本のメディアで「ＩＳは世界を征服するつもり」だと語られますが、そうではありません。パリの事件も含めて、戦争状態にある以上、非戦闘員も含めて大規模な空爆にさらされている限り、攻撃される側にとっては報復なのです。後で触れますが、「テロ」という言葉は自陣営の暴力を正当化し、負の歴史を隠蔽《いんぺい》するために、対立する側の暴力に犯罪的なマイナスイメージを与えるアンフェアな言葉ですので、注意がはらわれないといけないと考えています。

最後に「ライシテ（laïcité）」というフランスの大変厳格な世俗主義。これについては内藤先生からもお話があると思いますが、もともとフランスの近代はカトリックを主要な敵として極端な政教分離の原則を推し進めてきたのですが、現在では敵対相手がイスラームに代わっている。少なくともイスラームから見ると「敵対」と見えます。

内藤　そうですね、人間の思想や信条にまで干渉していたカトリック教会と二〇世紀の前半まで長い間戦ってきましたし、それはフランス社会において個人が自由を獲得するために必要な歴史でした。しかし、二〇世紀末にムスリム移民が入ってくると、この世俗主義の標的がイスラームに変わった。それ以来ずっと、フランスはイスラームに対して明らかに敵対的ですね。

中田　はい。そういうところで暮らしているムスリムの中で、古くからフランスに苦しめられてきた歴史がフラッシュバックして、今回パリが報復の標的になったという可能性は否めないと思います。

ISが在仏ムスリムに迫る二者択一

内藤　パリの事件直後、中田先生が言われたフランスへの報復ということを私もまず考えたのですが、襲撃の場所や方法を見ると一つ疑問が生じました。この襲撃には、「フランスにダメージを与えなければいけない」という強い意志があまり感じられない。

たとえばサッカー場を狙ったのは「そこにオランド大統領がいたから」とフランス側は報道していますが、もしオランド大統領を狙うならテロリストの戦力をそこに集中させたでしょう。しかもサッカー場の襲撃犯は、自爆ベストを着て堂々とセキュリティチェックを通ろうとしていた。それ自体あまりに稚拙でしたし、彼らはオランド大統領が会場内にいることを知らなかったのではないかと思えるくらい杜撰《ずさん》な計画でした。当日あのサッカー場ではフランスとドイツの親善試合が行われていて、ドイツのシュタインマイヤー外相もいたのですが、それも知っていたのかどうか、疑問に思いました。

中田　狙った場所に「たまたまフランスの大統領やドイツの外相がきていた」ということですね。

内藤　そうだと思います。ほかの襲撃場所も一般のフランス人が行くカフェやコンサートホールでした。フランスの権力なり権威を象徴するようなものにダメージを与えたかったら、もうちょっと違う場所を狙うのではないでしょうか。そう思っていたところにＩＳの犯行声明がでて、疑問が解けました。声明はいろいろな言語ででましたが、フランス政府や国民に向けてのものではなく、『クルアーン[*6]（コーラン）』の文言を使って明らかにフランス国内にいるムスリムに呼びかけていました。

フランスに向けての声明なら「オランドよ、おまえに鉄槌《てっつい》をくだした」などと言いそうなものですが、そんなことは言っていない。『クルアーン』の文言も大半のフランス国民には理解できないでしょうから、やはりムスリムの同胞に向けられていたとしか思えない。パリのことを「不道徳な都市」「売春婦の街」とは言っていましたが、そんなことなら、ロンドンでもベルリンでもアムステルダムでも言えたはずです。

一方、ムスリムの人たちには、はっきりと語りかけている。「おまえたちは信仰を捨ててヨーロッパ側につくのか、自分たちの側につくのか」と、二者択一を迫っているのです。これはパリの事件より前のことですが、ＩＳの広報誌「ダービク（ＤＡＢＩＱ）」七号に「グレーゾーンの消滅」という記述が載りました。ムスリムがマイノリティとして存在している欧米の社会を消滅させると。それ以上詳しくは言及していないのですが、非ムスリム圏にいるムスリムにイスラームへの忠誠を誓わせて西欧社会から分断しようとしているのではないかと私には思えたのです。

犯行声明や広報誌の記事がＩＳの単なるプロパガンダだとしても、先ほど中田先生が言われたフランスの特殊な世俗主義の中で、自分たちは愛されていない、居場所がないと感じているムスリムにとっては、ＩＳの脅しがあとになってじわじわと効いてくるのではないか、その点にたいへん強い脅威を感じます。

フランス型世俗主義への警告

内藤　実際に今も、フランスは世俗主義の原則を楯《たて》に、イスラームに対する差別を明らかに行っていますからね。その典型がムスリマ（イスラーム教徒の女性）のスカーフやヴェールに対する禁止令です。ムスリム社会におけるスカーフは宗教によって女性の人権を抑圧しているとか、後進性のシンボルであると決めつけているわけですが、そもそもスカーフがイスラームという宗教を象徴するなどということは、ありえないですよね？

中田　ありえないですね。スカーフは無数にあるイスラーム法の規定の一部であり、シンボルなどではありません。イスラーム法は、自由身分の女性に、手首から先と顔を除く全身を覆うこと、男性と奴隷身分の女性に膝から臍《へそ》までを覆うことを義務付けています。スカーフをイスラームのシンボルと呼ぶのがナンセンスなのは、膝から臍までを隠す長ズボンをイスラームのシンボルと呼ぶのがナンセンスなのと同じことです。

内藤　あれは髪をさらすことに性的羞恥心《しゅうちしん》を覚えるなら隠す、という女性の身体に対する意識の問題。それがイスラームの規範に由来することは明らかですが、なぜ剝ぎとろうとしないと気が済まないのか。いささか常軌を逸していると思うのです。スカーフについては独特の世俗主義規範をもつフランスに限らず、今やヨーロッパ社会全体で同じように見られている。ではスカーフを取って身体を露出すれば自由になれるのか、とムスリム社会の側は反論します。しかも、スカーフを法律で禁止して罰金刑まで科しているのはフランスだけですが、フランス人の多くは、そのことさえ知らないのです。

中田　ムスリムにとって、その教えは生き方そのものなのです。ですから同じように生活に関わってくる政治と宗教を分けて考える必要などないのですが、それが理解してもらえない。フランスは国の理念として「自由、平等、同胞愛」を掲げていますし、個人主義の国だとも言われていますが、実際はまったく矛盾したことをしている全体主義的な国ですね。

内藤　この問題に関して言えば、フランスは全体主義的です。フランス型世俗主義の根本は、「信仰は個人のうちにあるもので、公の領域に表出してはならない。ましてや国家は影響を受けてはならない」というもので、国家はいかなる宗教からも中立、言い換えれば非宗教的でなくてはならない。しかもそれが国家主義のもとに保護されています。そこまでは良いのですが、ムスリムのヴェールというイスラームを象徴することなどありえない物をとらえて、宗教的シンボルだから一律に公的空間から排除するというのです。

中田　それなのにフランス人は、自分たちこそ個人主義者だと思って疑いもしないから恐ろしいのですよ。

内藤　繰り返しになりますが、ムスリムの移民たちは「自由、平等、同胞愛」の精神が自分たちに適用されたとは、なかなか思えなかった。ダブルスタンダードがある。そもそも「自由、平等、同胞愛」の原語は「リベルテ、エガリテ、フラテルニテ」で、日本で博愛と訳されているフラテルニテは「同胞愛」なんです。それも「一つの組織に参加して兄弟の契りを交わす」という意味に近いのです。つまり、身も心もフランスに捧《ささ》げて同化すれば、フランス市民として平等に愛してあげるけれど、少しでも違う行動をするなら受け入れない。ましてや宗教を表にだした場合は即座に我々の国からでて行け、という声が噴出します。フランスでのライシテは、闘争の結果として得られたものですから、どうしても「同志」であることを求めるようです。従ってフランスでは、ムスリム移民に対してそういう態度をとっても「差別」とは認識されない。フランスの研究者はこのあたりを指摘しませんが、外部からフランスを見ればよく見えることなのです。

中田　見えますすね。ドイツもある意味では全体主義的な国ですが、フランスとは違って「ここはドイツ人の国だ」とはっきり言っている。ムスリムがドイツで暮らしても決してドイツ人になれないわけです。だからムスリムとして差別は受けるかもしれないけれど、「我々の国に同化せよ」とは言われず放っておいてもらえるだけ、フランスよりはまだましかもしれません。

内藤　ドイツの全体主義的傾向というのは、仮想的な血の観念に基づいて「ドイツ人とは誰か」を規定すること、つまり国籍観が「血統主義」に立っていることと深く関係しています。従って、異なる人への排除の観念というのは、どちらかというと人種的・民族的なものによるわけで、宗教嫌いの世俗主義からきてはいませんね。実際、国籍法の改正を見ていても、裁量帰化（国籍付与は国家の裁量）が長いこと原則で、ごく最近になって「権利としての帰化」の方向にようやく舵《かじ》を切っています。

でもフランスは、もともと、フランスで生まれ育った人はフランス人になるという出生地主義を採ってきました。ですから移民たちも啓蒙の力によって、子供や孫の世代になれば必ずフランスに同化すると思ってきた。ところが一向にそうはならないので、フランス人は「移民たちは世代が進むにつれて過激化した」と言うのです。ムスリムからすれば過激化でもなんでもなく、フランスに受け入れてもらえないから再度ムスリムとして生きようと決意する。そういう文脈で移民の二世、三世が再度イスラームに覚醒《かくせい》していったのではないかと思います。

中田　そうですね。

内藤　覚醒のきっかけは人によっても違いますが、私が直接聞いた話の中では「信仰を表に出すことに敵対的なフランスに暮らすうちに、信仰で自分自身を守ろうとした」という人もいれば、「失恋したことがきっかけになった」という人もいました。これはフランスに限ったことじゃないですね。ドイツでもムスリム移民の二世、三世が同じ道をたどっています。

中田　イスラームの場合、ムスリムでない人間は違う人間だから価値観は共有しないのはそもその前提ですが、しかし当然ながらそうした非ムスリムも人間だと思っています。同化しなくても違う人間同士、共存していけばいいと考えているのです。その意味ではフランスよりドイツのほうがイスラームに近いし、ムスリムには住みやすいでしょうね。

内藤　そう、少なくとも、ドイツのほうが自分は信仰をもつ人間だと公言しても、それ自体で疎外されたり排除されたりすることはなかったですね。しかし近年では、ドイツはキリスト教の国なのだから、ムスリムは要らないという先祖返りしたかのような排斥運動が盛り上がっています。

非対称な世界――欧米の暴力は正当でイスラームの暴力は「テロ」？

内藤　もう一つの事件、二〇一五年一月のシャルリー・エブド襲撃事件を振り返ってみましょう。あの事件に対しては二つの見方があって、一つはシャルリー・エブド紙が長年掲載してきたイスラームへの冒瀆《ぼうとく》的なイラストや文章がムスリムの反発を招いたという意見。これは一〇〇パーセントそのとおりだと思いますが、だからといって襲撃していいということにはなりません。

もう一つは「ホームグロウン・テロリスト」が起こした事件、という見方。襲撃した人にはフランス生まれのムスリムが含まれていましたから間違ってはいませんが、私はこうした用語に賛成できません。そういう見方、呼び方そのものがムスリムの子孫たちへの疎外や差別につながります。モスクやイスラーム組織が彼らにとって唯一のサンクチュアリになり、さらなる襲撃犯を生むという話がでてくるのですが、どうも私にはこのストーリーそのものに異論があるのです。最初から、ムスリムの移民たちが集う場所が犯罪の巣窟だと決めているように思えるからです。

中田　先ほども少し申し上げたとおり、私は「テロ」という用語自体に反対なのです。殺人なら「殺人事件」、誘拐なら「誘拐事件」と言えばいいのです。アメリカの9・11事件にしてもシャルリー・エブド事件、パリ襲撃事件にしても、ムスリムが起こした事件は必ず「テロ」と呼ばれますが、9・11後のアメリカによる根拠のないイラクとアフガニスタンへの攻撃や、有志連合軍のシリアへの空爆は「テロ」とは呼ばれない。それどころか、批判もほとんどされないですよね。

内藤　パリ事件の直後「報道ステーション」（テレビ朝日系）に出演したのですが、司会の古舘伊知郎キャスターがあの事件を「許すまじきテロ」と報じたあと、「有志連合による誤爆も反対側から見れば同じこと」と発言したのです。私も「まったくそのとおり」と応じたら、テロと武力行使を混同するとは何事だとずいぶん批判を受けました。しかし、攻撃する意図に違いがあっても、降ってくるミサイルや爆弾の下にいる、なんの悪意もない人々にとって、それが「テロ」でなくてなんでしょうか。

中田　私も「テロという用語には反対している」と口にするだけで、「あなたはテロを容認するのか？」と言われます。よく「テロリストは殺人を正当化している」という言い方がありますが、実際は敵を「テロリスト」と呼ぶ側のほうが、自分たちの行う殺人を正当化し不当性を隠蔽していますよね。パリ事件のあとも、「テロリストの撲滅」という名目で空爆を拡大して

います し。

内藤　シャルリー・エブド事件のあと、多くの人が「私はシャルリーだ（Je suis Charlie）」と書かれたプラカードを掲げて歩いていたでしょう。フランス国歌（ラ・マルセイエーズ）を歌いながら。だいたい、「畑の畝が敵の血で満たされるまで」というラ・マルセイエーズの歌詞の血なまぐささというのは、国家の下に国民を団結させるのでしょうが、私は、好きになれません。

そして、ムスリムの人たちにもあのプラカードを持たせていた。「私は持ちたくない」と言ったら、「フランスの敵、テロリストの仲間」と見なされるから仕方なく持った人たちもいました。私の知人にも「テロ行為は憎むけれど、あのプラカードを持つことはできなかった」と言う人がいましたが、フランス人の多くはそういうムスリムがいるということに思い至らない。「私はシャルリー」のプラカードは、ムスリムにとってまるで踏み絵も同然でした。

プラカードを持たなければフランスから「危険人物視」されるし、持って町に出ればＩＳの広報誌に「背教者」として写真を載せられる。これでは立つ瀬がありませんよね。

中田　あのプラカードをみんなが持っている光景は、ものすごく気持ちが悪かった。それは別に私がムスリムだからではなく、一人の日本人として見ても変ですよ。ああいうことは日本で

2015年1月11日、「Je suis Charlie」のプラカードを掲げ、シャルリー・エブド事件の犠牲者を追悼するパリ市民

は絶対やりませんよね。たとえば東京で出版社が襲撃されたとして、国民全体が「私は××社」というプラカードを持つことなんてありえない。そういう発想自体がないですよね。

内藤　だいたいフランス人の中にも、事件の前まであの週刊紙を嫌う人はいくらでもいました。部数も多くなかった。それが急にみんなで「私はシャルリー」になってしまう。事件のあとパリ市内でデモ行進もあって、オランド大統領以下各国の政府関係者も並んで歩いていましたね。あの中にはガザ侵攻を推し進めていたイスラエルのネタニヤフ首相[*7]もいたし、中東やアフリカの独裁者たちも顔を揃《そろ》えて。たいへん、気味の悪いナショナリズムの高揚でした。

中田　これは内田樹[*8]先生が指摘していたことですが、「自由、平等、同胞愛」ではなく、今もフランスの実態はヴィシー政権[*9]時代の「労働、家族、祖国」が本質なのですね。

強固な差別の中でむしろ深まっていく信仰

内藤　二〇〇五年にムスリムの若者たちがパリ郊外で暴動[*10]を起こしたことがありました。当時、私はその地区へ行ったのですが、本当に石が飛んできました。それは私が日本人だと思って石を投げているわけではなく、誰彼かまわず投げているのです。彼らの中にはムスリム移民二世、三世のフランス市民が大勢いましたが、社会に受け入れられず、やり場のない怒りをぶつけていた。フランスに対する非常に強い恨みや敵意をもっているなと感じました。二〇〇五年当時、まだこの地区には再イスラーム化が目立ってはいなかったのですが、このままこの状況が続くと、多くの若者がやり方はともかくイスラーム主義を武器に自己主張するようになることは当然予想できたんです。

中田　そうですね。

内藤　二〇一五年にもう一度この地域を訪ねてみると、そこにはとげとげしい雰囲気はなくなっていましたが、再イスラーム化は静かに進んでいました。当時のティーンエイジャーの中には真面目に勉強して高等教育を受け、大人に育った人もいるのですが、彼らの中にさえ「このままフランスに住み続けるのは嫌だ」と言う人がでてきた。教育を受けて大人になったら、「フランス社会は自分たちを絶対受け入れない」ということが、むしろはっきり分かったのですね。

その後パリ襲撃事件が起こるとますますムスリムに対する憎しみが強まるわけですが、フランスにいるイマーム（イスラームの指導者のこと）たちは国内のムスリムたちに向けて、「まずフランス国民たれ」と言っています。もう少し、移民として暮らすムスリムたちの悩みに寄りそうべきだったと私は感じました。彼らはもともとフランス内務省と密接な御用イマームですから、一般のムスリム市民のことより政府との関係を重視している。イスラームの教えの基本として、人間がつくった国家の法が神を上回ることなどありえません。だが、現実には人のつくった法に従わなければいけない。スカーフやヴェールの禁止などその良い例です。そのはざまで悩み続けたフランスのムスリムたちは、ある意味、イマームたちからも見放されてしまうのです。

その一方でＩＳは「おまえたちはどちらの側につくのか」と迫ってくるのですから、フランスに住むムスリムは追い詰められっぱなしなのですね。多くのムスリムたちは、すでに行き場がなくなってきている。敬虔なムスリムの中には、サラフィーかつジハーディとして先鋭化していく人が増える傾向にあるでしょう。それこそ、ＩＳの思うつぼです。

ＩＳの背景――新たな「サラフィー・ジハーディ」が生まれやすい理由

中田　そうですね。ＩＳは非常に強固なサラフィー・ジハーディの集団ですが、パリの襲撃犯もサラフィー・ジハーディといわれています。これは言葉どおりサラフィーとジハーディが合わさったものなのですが、サラフィーには簡単になりやすいのです。形から入りやすいといいますか。

内藤　その点は日本人に分かりにくいところですので少し解説してください。

中田　サラフィーはスンナ派のグループで、私は「スンナ派超正統主義」と考えています。簡単に説明すると、『クルアーン』とスンナつまり預言者ムハンマド[*11]の言行というイスラームの根本に還ろうという運動で、初期イスラーム以降の中世的なイスラームの伝統を全部否定しています。大ざっぱに言えばキリスト教におけるプロテスタント[*12]的な特徴があるのです。

神と人間との間には一切仲介者が存在しない。たとえば天使的な存在などがまったく介在しない、そういう志向のグループなのです。ですから彼らは聖者崇拝、墓廟《ぼびょう》、聖者廟といったものは認めず徹底的に破壊していきますし、彼らが認めるスンナはスンナ派の伝承学者が認める伝承経路によって伝えられた預言者ムハンマドの言行録だけですので、まったく別の伝承経路を有するシーア派にも全面的に敵対します。

それに対して、スンナ派でも神と人間の間に中間的な存在を認める宇宙観をもっていた伝統的イスラームのグループのほうは、世俗主義化の中で世俗に取り込まれて堕落した結果、求心力を失ってしまったのですね。

『クルアーン』は神から預言者ムハンマドに下された啓示をまとめた一冊の書物で、行為や規範はあまり書かれていませんからそう難しくありません。スンナを文書にしたものは『ハディース』[13]といってムハンマドの言行や判例が書かれていますが、逆にこちらはたくさんありすぎるので、誰も全部は読まない。『ハディース』の中で使われるものはだいたい決まっていますので、それをいくつか覚えればいいのです。つまり伝統イスラーム学を学ぶ必要もなく、『クルアーン』を読んで『ハディース』を少し覚えればすぐサラフィーになれます。

内藤　法学の体系を勉強しなくてもなれるわけですね。

中田　はい。たとえば同じスンナ派でも神秘主義で、特殊な中世的世界観をもつスーフィーになるにはかなりしっかりイスラーム法を勉強しないといけませんが、サラフィーは簡単。パリ事件で自爆した女性の犯人はもともとイスラーム的な人物ではなかったと言われていますが、彼女のように一夜にしてサラフィーになれるわけです。男性の場合、サラフィーは髭《ひげ》を生やしていますから、少しだけ勉強して髭をはやすだけでいい。

内藤　なるほど、形から入りやすいとおっしゃったのは、そういうことですね。

中田　そうです。シャイフ（長老）に従えとか誰に従えということも言われませんので、前日まで酒場で酔っぱらっていてもなれます。

内藤　じゃあ、とりたててモチベーションもないまま、サラフィーになるムスリムもいるということですか？

中田　ええ、理論的にも分かりやすいし、実際になるのもたやすいので。だからあっという間にサラフィーは増えますし、実際すでにヨーロッパに一二万人いると言われています。

　私もすごく驚いたのですが、実はシリアは、アラブ世界の中でも、非サラフィー的な中世的なコスモロジーが現代においてももっとも強い国だったのですね。といいますのは、シリアではアサド政権が、原点回帰的なサラフィー主義にも通じるムスリム同胞団[*14]的なものを壊滅させてしまい、権力に阿《おもね》る伝統主義しか残らなかった結果、サラフィー主義が非常に弱い国になっていたのです。

　それがこの一年か二年で、あっという間に、宗教的なシリア人はほぼみなサラフィーになってしまった。現代の伝統的なイスラーム世界は、イスラームとは相容《あいい》れない領域国民国家の枠組みの中で実は非常に精神性を失っています。だから、原点回帰的なＩＳが求心力を持ってしまったという事情があるのです。この点をふまえなければＩＳの問題は理解できません。

内藤　一九九六年に、『アッラーのヨーロッパ』（東京大学出版会）を書いた時の私の関心は、「ヨーロッパ諸国はそれぞれ移民に対する政策は違っていたのに、なぜどの地域でも移民が二世三世と代が進むにつれてムスリムとしての再覚醒が進むのか」ということでした。

　その当時ですら、昨日までは「週末のデートはどこへ行こうか」と言っているような若者が、ある日を境にして神の示した道に邁進《まいしん》しようとする敬虔なムスリムに変貌《へんぼう》してしまう場面を何度も目にしました。いろいろな動機があるのですが、一夜にして変わってしまう。しかし、そうした変わり方をした人はおっしゃるとおり、イスラームの歴史を学ぼうという姿勢や、神学、法学の体系を学ぶところが欠落しがちですね。いきなりスタイルや頭から入る。そうすると、ジハードについても何かのきっかけで暴力的ジハードのほうに吸い寄せられやすい。その現象は差別のきついヨーロッパで見ていると非常にはっきりしていたのですけれども、中東でもそうなのですね。

中田　はい。ただ重要なのは、サラフィーは反シーア派であり、同じスンナ派でもスーフィーとか、自分たちの見解に合わない人間に対して非常に厳しい立場をとることです。

内藤　だから、ジハーディとくっついたＩＳはムスリムに対しても厳しい態度をとる。

中田　そうなのです。サラフィーは本来非政治的であまりジハーディにならないのですが、ともかく数が増えるのでサラフィー・ジハーディも増えてしまった。

内藤　ジハーディも少し説明してもらえますか。

中田　ジハードという言葉は、一般に「イスラームの土地に侵入してきた異教徒と戦う」ことと言われていますね。これ自体はイスラームの教義ですけれど、私は異教徒の侵略者と戦う人間を特にジハーディとは呼びません。これは法学の通説ですし、すべてのムスリムがそうであるべきですので、特にジハーディと呼び分ける謂《いわ》れがないからです。私がジハーディと呼ぶのは、異教徒ではなくムスリム内部にいるムルタッド、つまり背教者の支配者と戦う人間を指します。たとえば、大統領でも王様でもいいですが、自他ともにムスリムと認めているのにイスラームの法に則って統治を行っていない人間。そういう支配者はムルタッド、背教者だから、そうした人間と戦うことがジハードである、と言っている人たちを私はジハーディと呼んでいます。ですからサラフィー主義者の中のジハーディであるサラフィー・ジハーディとは、イスラーム世界の中でジハードをやって、イスラーム世界をイスラーム法が施行される地に戻そうという人たちのことを言います。

内藤　ISも、もともとはイスラームの法を守らない人たちを敵対視していたわけですね。

中田　そうです。ISはイスラーム内に対して非常に厳格な集団で、身内の中にいる背教者と戦うことを優先する集団でした。もちろん異教徒である西欧諸国も敵ではあるのですが、西欧との戦いは優先順位としては低かった。ところが西欧側が先に空爆をしてきたので戦うことになったというのが実情なわけです。

内藤　そして今や、フランスをはじめ有志連合参加国はISへの空爆を激化させ、ヨーロッパ諸国はますます難民を排斥し始め、収拾がつかない状況になってしまいました。シリア内戦をめぐる世界状況は日本にいるとなかなか概要がつかめませんが、もうすでに何十万人も死者がでていますし、もうこれ以上犠牲者をださないための方策が急務ですね。

対話ではなく講和を

中田　そうですね、まずは迫害されている人に関しては逃げ道をつくるための緊急措置を講じることが大事です。そして、根本的な解決は困難な道のりですが、もはや、せめて状況を悪化させないための方途を考える必要があると思います。

内藤　空爆はＩＳ殲滅《せんめつ》の効果が薄く、むしろ過激な人間を各地に拡散させてしまう。シリア内戦終結にほとんど益することがないのは、もはや明確です。この問題を考えるうえで必要なことは、まず西欧側が「イスラームは後進的だから西欧近代の成果（領域国民国家の建設もその一つですが）を学べ、我々のあとについてこい」という一方的な姿勢を捨てることではないでしょうか。中東やアフリカに押しつけられてきた西欧の理念としての領域国民国家はもう崩壊が進んでいます。

中田　イスラーム圏はアッバース朝[*15]からオスマン朝まで、多種多様な民族、文化を擁しながらも、イスラーム主導ではありますが異なる価値観をもつ者同士折り合いをつけて共存してきました。イスラーム法学者として言いますが、イスラーム法の文脈においては、今なお西欧とも「講和」という方途を探ることは、理論上は問題なく可能です。

少しでも犠牲を減らすためには、お互いの価値観はもはや「共約不可能」[*16]で、理解し合うことはほぼ不可能である、という前提に立って、文化や価値観の差異を認識し、妥協点を見出《みいだ》しながら共存の道を探っていくしかないのではないかと思います。ISの問題にしても、先の項で紹介したような知識すらなく、彼らをただただ「悪魔」と決めつけて根こそぎ叩こうとすると、今はISに同調していないムスリムにも西欧に対する不信感や恐怖感を募らせ、結果的に先鋭化させかねません。ISのような組織がなぜ生まれたのか、その要因に西欧の差別的な優越感がなかったのか、ISの成立要因を改めて見極め、イスラームのロジックを参照することを視野に入れて対処を考えなければならないと思います。

内藤　ISがイスラームの中に巣食う疾患だとすれば、それを治療するには西欧ではなくイスラームの観点が不可欠ですね。

中田　そうです。ただ、それを考えるにあたっては、これまでのような宗教間対話では難しいでしょう。もちろん、まったくイスラームについてなにも知らない、「ムスリムは全員テロリストだ」と考えているような人間相手に、「イスラームには平和なところもある」と伝えるようなレベルの対話というものは、ないよりはあってもいいとは思いますが。

ですが、そこから先にはなんの進歩もなかったというのがこれまでの宗教間対話の問題だと思いますね。宗教間対話を推進する人たちは、自分たちのやっていることには啓蒙以上の意味があると思っているようなのですが、それはもう決定的な勘違いだと思います。

内藤　キリスト教の指導者は、「イエスの福音は平和と愛だ」としか言いませんし、イスラームの指導者は「イスラームも平和と愛の宗教です」と言うだけで終わってしまう。イスラームの指導者は、イスラームとイスラーム法の体系の中に戦争とその戦争をコントロールするための知恵が存在するのを知りながら、そこは封印して宗教間対話に臨むのです。

さまざまな宗教の宗教家たちが集まって、全員で平和と愛を説いてくれるのは結構ですけれども、それで今現在起きていることへの実効性はなにもないというのでは意味がありません。

中田　宗教者の間で対話すると、初めから「宗教は戦争に関わらない」という文脈で話が進みますね。今のキリスト教に戦争法はありませんが、もともとはありました。しかし、キリスト教の指導者もそれは語りません。本当は戦争と宗教の関わりを客観的に見て対話するしかないのですが、そうすると「好戦的だ」と言われてしまうので、語らないままになってしまうのです。

内藤　キリスト教について言えば、イエスの福音は「平和」に貫かれていますけれども、キリスト教国家は中世以来それを守ったためしがないですね。むしろユダヤ教のほうが戦いの実相についてリアリティがありました。

中田　少なくとも、『旧約聖書』のほうには、いくらでも戦争が出てきます。ヨシュア記やサムエル記には「聖絶」といって異教徒は子供も老人も、家畜まで皆殺しにしなければならない、といった凄《すさ》まじい記述もあります。ですから欧米人が「『クルアーン』には不寛容な記述があるから焚書《ふんしょ》にする」と言うなら、当然聖書も焚書にしないといけません。というようなことが、宗教間対話ではまったく語られません。

内藤　私はムスリムではありませんから、宗教に名を借りた暴力や迫害がなぜ繰り返されるのかが知りたいのに、こうした大事な点をあえて見ようとしないのですね。

中田　そうですね。宗教間対話のどこに限界があるかといいますと、「宗教と宗教」の関係を前提にしている点です。現代は基本的には世俗化された世界ですから、宗教と宗教の間の齟齬《そご》よりも、一つの宗教の中の「世俗の言葉」と、「原理主義（この用語は好きではありませんが）の言葉」との亀裂のほうが大きいのです。ですから、宗教的に原理主義的な勢力と対話ができない人たちが集まっても本当に意味がないのです。

しかし、現状では、宗教間対話に参加する人たちは、自分たちが正しく、自分たちと合わない人はすべてテロリストだとして糾弾するというような流れになっており、「原理主義者」と呼ばれる人たちを最初から排除しています。そんな彼らの言うことは相手の耳には届きません。

それに、本当の意味で宗教の争いというのを考えている人間はほとんどいないのです。たとえば、アメリカによるＩＳ空爆の口実となったヤズィーディ教徒[*17]の問題がありますけれど、ではヤズィーディ教徒がなにを信じているのか、ということを知っている人が誰もいない。それで、「かわいそうだね」とだけ言っているのです。実は、宗教間対話のたいていの参加者は、宗教の問題でなく政治の問題を語っているのです。「あの人たちがいきなり殺されたり難民になったりするのは困る」という政治の話をしているのです。

しかし、政治の話をする時は現実主義的に考えないといけませんので、宗教間対話はそこに対応できていないのです。特に現在の我々の社会の枠組みである「領域国民国家」というものは、国民国家は相互に敵対関係にあるというのが基本です。ですから、まず敵と敵との間でいかなる関係をつくるかというのが外交の基本になるわけで、その結果として相対的に安定した共存関係が生まれる、それが国際秩序と呼ばれるものです。そこまでリアルに認めて、「敵である」「根本的に共約不可能な価値観を持っている」集団同士がどうやっていくのか？　敵同士の間でどう和平条約を結ぶのか、それを考えていくことが今求められているのです。

現在、国際社会と言われているものは、実際には先進国の一部のエスタブリッシュメントとそれに寄生する一握りの人々がつくっているに過ぎないものです。それと違う価値観を持っている人たちが当然存在する。アフガニスタン・タリバンもそうですし、ISもそうです。実際には世界に生きている多くの人間は違う見方、価値観を有している。そういうリアルな認識から、もう一回考え直さないといけないという段階にきている。そのために根本的に宗教に基づく価値観を考えていく対話をするならば、宗教間対話も意味があると思うのですけれども、残念ながらそうはなっていない。

世俗主義と宗教の軋轢《あつれき》をどう和らげるか

内藤　今のヨーロッパにおけるイスラーム・フォビア（イスラム嫌悪・恐怖症）の問題も同じですけれども、あれは主としてキリスト教とイスラームとが争っているのではなくて、「世俗主義」と「イスラーム」が争っているのです。フランスのような厳しい世俗主義を採らないにしても、西欧諸国はすでにかなりの範囲で政教分離していますし、世俗主義の空間になっているわけです。つまり、神は絶対者であるのに、「公共の空間に神はいてはいけない」と西欧諸国は言っている。その論理はムスリムに通じません。もちろん、移住してきた個々のムスリムは、ある程度の妥協をするということはあるのですが。

フランスでは、問題は深刻な事件が起こるところまで行ってしまいました。けれども、フランスとフランス在住のムスリムも理解しなければいけないのは、先ほど中田先生がおっしゃったとおり、お互い敵だということを認識したうえで、休戦して講和条約を結ぶ以外ないということです。つまり、お互いの原理は共約不可能であり、どこまで行っても絶対に交わることはありません。ところがフランスは「啓蒙圧力」で無理やりイスラームを従わせようとする。それはもう無理だということに気づくべきだと思うのです。

フランス社会のムスリムは、領域国民国家の中にいるマイノリティとしての移民です。そのままでは、主権を持っている国の多数者は「郷に入っては郷に従え」という態度をムスリムに対して取るに決まっています。もちろん信仰の根源にかかわらない限り、ムスリム側もそれを受け入れるし、受け入れなくてはいけない。ですが、より根源的な部分での相違については、「世俗主義とイスラームの和議」へと転換しなくてはいけない。しかし、そこまで突き詰めた議論というのは宗教間対話では絶対にされません。宗教間対話はどこまで行っても宗教家同士の対話であり、片方が世俗の国家を代表しているわけでも、実権を握っているわけでもないので、そもそもそんな役割は果たせないはずです。

中田　ただ、特にスンナ派の場合は、スンナ派のイスラームの教えを体現し、政治的に統合したうえで講和する主体がないというのがいちばんの問題なのです。それで私はずっとカリフ制再興と言っているわけですけれども……。もともと講和というのは力がある者の間での妥協ですから、結局、ある程度は権力の背景がないと、そもそも話にならないわけですよね。また、ISを「テロリスト」や「カルト的な犯罪者集団」として扱っている限りは、講和という方法すら採れないわけです。

内藤　シリア情勢に関してはロシアやイランのように、この機に乗じて自国の権益を死守、拡大しようとする覇権主義国家も介入し、状況は混乱を極めています。講和の主体を確立するためには、湾岸諸国でもイランなどシーア派との関係が悪化する一途のサウジアラビアではなく、今のところトルコの安定性が鍵になると考えていますが、二〇一五年一一月のロシア軍機撃墜以降、クルド民族主義問題の再燃とあいまってトルコをめぐる状況も不安定になりつつあります。

それでは次章より、難民問題を筆頭として、ヨーロッパと中東で今起きていること、各国、各民族、組織の関係性を概観しながら、講和という方途の可能性をお話ししていこうと思います。

＊1　**オスマン帝国**　一二九九年、中央アジアから移ってきたトルコ人によって、アナトリアを中心に建てられたイスラーム王朝。最盛期には西アジア、バルカン半島、北アフリカを支配する多民族多文化王朝となる。第一次世界大戦を経て、一九二二年、ムスタファ・ケマル（後に大国民議会からアタチュルクの姓を授与）の指導のもとトルコ革命が起き、スルタン制が廃止され滅亡した。また、政教分離を重視した世俗主義をとった革命の中で一九二四年カリフ制も廃止された。

＊2　**サイクス＝ピコ協定**　第一次世界大戦のさなかの一九一六年、イギリスとフランスの間で結ばれたオスマン帝国の領土分割を決めた密約。

＊3　**カリフ**　「代理人」「後継者」を意味するスンナ派における政治・宗教・軍事における指導者、あるいは代表者。シーア派の神に選ばれた無謬《むびゅう》の指導者イマームに対して、スンナ派の民選の可謬の指導者をカリフと呼び分ける。スンナ派の法学はカリフに学識、人徳、四肢の健全、クライシュ族の出自などの資格を定めているが、誰によって選ばれるのかには具体的規定がない。

＊4　**アルジェリア独立戦争**　一九五四年から一九六二年まで続いた、アルジェリア民族解放戦線（FLN）とフランスの民族解放戦争。一九五八年までにはフランス軍は五〇万人にも増強され

たが抵抗はやまず、第五共和政のドゴール政権時、アルジェリアの自決権が認められ、停戦協定妥結後、住民投票を経て独立を達成した。なお、アルジェリアは一八三〇年にフランスによって侵略され、人種差別的な政策のもと、土地の収奪が進められていた。これに対して名将アブドゥル・カーディルの反乱をはじめ多くの抵抗運動が起きたが、フランスは徹底的にこれを鎮圧してきたという前史があった。

＊5　マリへの軍事攻撃　二〇一三年にオランド政権下で行われた、フランス軍によるマリの反政府イスラーム主義勢力への軍事行動。同年一月に武装勢力によってアルジェリアのガスプラントが占拠され、アルジェリア軍特殊部隊と武装勢力の交戦の結果、人質となっていた邦人を含め多くの犠牲者が出た事件は、この軍事行動への反発とされる。

＊6　クルアーン　イスラームにおける根本経典。ムハンマドが六一〇年から六三二年に亡くなるまでの二二年間にわたってアッラーから啓示された啓典で、一一四章からなる。アラビア語で「読誦されるべきもの」を意味する。「コーラン」とも。

＊7　ベンヤミン・ネタニヤフ　一九四九年生。イスラエル首相。マサチューセッツ工科大学卒業。アメリカで会社勤務を経て、駐米大使館公使、国連大使、外務次官を歴任。一九九三年に極右のリクード連合の指導者に選出されると、一九九六年に首相になり、入植地拡大とテロ断絶を掲げ右派色を前面に押し出した。二〇〇九年の選挙で再び首相に。二〇一五年の欧米など六カ国とイランの核合意に対して厳しく批判をしている。

＊8　内田樹　一九五〇年生。思想家、武道家。神戸女学院大学名誉教授。専門はフランス現代思

想。

＊9　ヴィシー政権　一九四〇年、ナチス・ドイツに降伏したフランスで、中部の都市ヴィシーに成立した政府。ペタンを国家元首とし、共和政を否定。休戦協定上、対独協力を義務付けられ、一九四二年にはパリの一万三〇〇〇人のユダヤ人を強制収容所に送ったことをはじめ、ユダヤ人迫害を行った。一九四四年八月にパリが解放されると、ドイツの後ろ盾を失ったヴィシー政府は瓦解した。

＊10　二〇〇五年パリ暴動　警察に追われた北アフリカ出身の若者三人が逃げ込んだ変電所で感電し、死傷したことがきっかけとなってパリ郊外で発生した暴動で、フランス全土の都市郊外に拡大した。最初に暴動が起きたパリ郊外部は移民と貧困層の多い地域。当時内務大臣だったサルコジが暴動に対して「社会のくず」と発言したことも暴動拡大の原因になった。

＊11　ムハンマド　五七〇年頃生～六三二年没。マッカ（メッカ）出身のクライシュ族。アッラーの啓示を授かり、預言者、神の使徒として伝道を開始する。偶像崇拝を否定し一神教を唱えたため迫害され、六二二年にマディーナ（メディナ）に移る（これをヒジュラという）。イスラーム教団発展の基礎を固め、六三〇年マッカ征服の後、その勢力は急速にアラビア半島に拡がった。

＊12　プロテスタント　一六世紀のマルティン・ルターやジャン・カルバンらによる、カトリック教会の権威を認めず聖書を唯一の権威とする信仰思想によって進められた宗教改革の流れを受けたキリスト教会派。多くの分派があるが、カトリック教会、東方正教会とならんで、キリスト教世界の一角をなしている。新教とも。

＊13　**ハディース**　ハディースとは「話」を意味する。イスラーム法学においては、『クルアーン』とともに法源となる、預言者ムハンマドの言行（スンナ）を伝える伝承のこと。無数のテキストが存在するが、中でもスンナ派ではブハーリーとムスリムによる集成は「正伝（サヒーフ）集」として重んじられている。なおシーア派のハディースはイマームの言行録である。

＊14　**ムスリム同胞団**　一九二八年、エジプトで結成されたイスラーム団体。『クルアーン』を憲法とする国家の建設を主張。アラブ世界最大の社会団体となった。しかし、一九四九年に創設者ハサン・バンナーが暗殺され、一九五四年にはナセルの暗殺を図ったとして政府により解体。その後、一九七〇年代にサダト大統領の黙認政策により徐々に復権し、アラブ諸国で活動を続ける。二〇一一年の「アラブの春」で政界に進出し議会で第一党となり、大統領の座も得るが議会選挙は無効とされた。二〇一三年の軍事クーデターによりムルスィー大統領は解任され暫定政権は同胞団を非合法化した。

＊15　**アッバース朝**　七五〇年から一二五八年まで続いたイスラーム王朝。アッバース家のカリフ支配によって、八世紀後半には北アフリカから中央アジアという広範な領域を得た。しかし、九世紀には各地で独立した王朝が生まれ、一〇世紀にはイベリア半島、エジプトでもカリフを称するものが現れる、三カリフ時代となった。バグダッドにおいては、ブワイフ朝、セルジューク朝、アイユーブ朝のスルタンにカリフの実権を奪われてカリフ支配は形骸《けいがい》化《か》し、最後はモンゴルに滅ぼされた。一二六一年、マムルーク朝のスルタン・バイバルスが、殺害されたアッバース朝カリフ・ムスタアスィムの叔父ムスタンスィルをカイロに招きカリフに擁立した。これ以降のアッバ

ース朝をバグダッドのアッバース朝と区別してカイロ・アッバース朝と呼ぶ。カイロ・アッバース朝は、マムルーク朝を滅ぼしたオスマン朝が、カイロ・アッバース朝の最後のカリフ・ムタワッキル三世をイスタンブールに連れていきながら、そのカリフとしての後継者を認めなかったことで滅亡する。

＊16　共約不可能　一方のパラダイム（認識、価値の枠組み）を進化させても、他方のパラダイムを変えることはできない関係のこと。

＊17　ヤズィーディ教徒　イラク北部などに住む、ヤズィーディ教を信仰するクルド人。ヤズィーディ教は、ゾロアスター教やミトラ教、イスラームほかさまざまな信仰が混淆《こんこう》した宗教であるという。

第一章

難民

エーゲ海を密航しギリシャに逃れようとするシリア難民

世界の眼を難民問題に向けたアイラン君の死

内藤　イスラーム圏、特にシリアからの難民問題が深刻化の一途をたどっていますが、二〇一五年の九月に、この問題に対する空気が劇的に変わった出来事がありました。シリアから逃れてきた三歳の男の子アイラン（クルド語ではアラン）・クルディ君が、トルコの海岸で遺体となって発見された。アイラン君の一家がボドルムというエーゲ海に面したトルコの町からギリシャのコス島に渡る途中、乗っていたボートが転覆して溺《おぼ》れてしまったのですね。トルコの海岸に打ち上げられたアイラン君をトルコの記者が見つけ、その写真を世界に配信したことで、ヨーロッパ諸国の眼が一気に難民問題に向けられた。それまで多くのメディアは、難民たちをあえて「移民」と言っていました。移民とは自分の意思で経済的上昇などを求めて国境を越える人、難民は生きるか死ぬかの状況から逃れた人ですから、本来、意味が全く違うにもかかわらず。

中田　まさに劇的に空気が変わりましたよね。

内藤　イギリスのキャメロン首相などは、記者から「なぜイギリスは難民を受け入れないんだ、恥ずかしくないのか！」と詰め寄られて、「いや、受け入れてはいるんだ」と、あわてて対応していました。

「世界よ、恥を知れ」「良心はどこだ？」などの見出しでシリア難民アイラン・クルディの死を報じるトルコの新聞

中田　アイラン君の写真は、偶然あの場所で写されたのですか？

内藤　あれは多分偶然でしょう。トルコ人の心情として、別の場所に打ち上げられていた遺体を動かしてくることはできないと思います。波打ち際にうつぶせになっていて顔は見えないし、着衣もまったく乱れていないきれいな姿だっただけに、かえって大きな衝撃を与えました。

中田　確かに、シリア内戦の遺体写真にはもっと悲惨なものが山ほどありますね。

内藤　昼夜空爆にさらされて、大勢の人が命を落としていますからね。シリアからの難民流出は、アイラン君が溺死した二〇一五年の秋に突然始まったわけではなく、何年も続いていたのです。チュニジアから波及した「アラブの春」で、シリアにも民主化運動、反政府運動が広まり、政府側がそれを激しく弾圧した時から、すでに難民は生まれていたのです。それがアイラン君の写真でようやくヨーロッパの人たちにも大きく注目されるようになりました。

中田　日本でもアイラン君の死は大きく報道されましたね。

内藤　それまで、シリア難民の問題はなぜか「ヨーロッパの問題」という扱いでした。ようやく難民がシリア内戦による国家の崩壊が原因であること、彼らの多くが、トルコ、レバノン、ヨルダンに溢《あふ》れんばかりに存在していること、そしてヨーロッパに押し寄せていたことが日本のメディアでも報じられるようになりました。でも個々の事実がばらばらに切り離された形で報じられることが多く、大半の日本人はヨーロッパと中東地域の地図や内戦、難民問題の歴史的背景がよく分からないままというのが実情ではないでしょうか。

中田　日本のメディア報道だけでは、とうていつかめませんね。

内藤　現実には、アイラン君の死から二カ月弱で、移動中の難民の犠牲者は子供だけでも七〇人以上になっていました。二〇一六年の一月だけで、海路ヨーロッパにたどり着いた難民は約五万五〇〇〇人、死者は約二四〇人。行方不明の人がいるので実際の数は国連も把握できないのです。

難民の概念を変えたシリア内戦

内藤　ヨーロッパへ向かう多くのシリア難民は、北の国境を越えてトルコに入り、トルコから船でエーゲ海を渡ってギリシャへ上陸。ギリシャからは陸路でマケドニア、セルビア、クロアチアあるいはスロベニア、そしてオーストリアを経由してドイツを目指しています。中東から北ヨーロッパまで、いくつもの国家、領域を無視して、連日途切れることなく大勢の人が動いている。

現在の主権国家システムの源流は一六四八年のウェストファリア条約[*1]にまでさかのぼります。

このシステムに基づいて第一次世界大戦時に当時の列強によって中東に国境線が引かれたわけですが、それ以来の前代未聞の事態が今起きているのです。内戦が始まる前のシリアの人口は二三〇〇万人でしたが、すでにそのうち半数以上が家を離れて避難し、数百万人が難民として国外へ脱出したと言われています。

中田　人口の半分以上が逃げてしまうなんて、凄まじいですよね。

内藤　本当に。シリアはもう内戦によって事実上崩壊してしまっていますが、この内戦がまたかなり特殊というか複雑ですね。なにしろ現在のアサド政権側は、反対勢力だけでなく自国民の頭上に無差別に「樽《たる》爆弾」を落としてしまう。樽爆弾というのは、コンクリートのかけらや釘《くぎ》などとがったものをドラム缶に詰めて火薬で爆発させる仕組みです。そう言うと幼稚な爆弾に思えるでしょうが、殺傷力はかなり高い。これをヘリコプターで運んできてどんどん落とす。ISや有志連合軍も一般人を殺害していますが、シリア国民を桁外《けたはず》れに多く殺しているのは自国の政府軍。それにシリア政府を支援するロシア軍です。

中田　たまらないですね。

内藤　だからみんな必死で国外へ逃れるわけです。ISに町を占領されて逃げた人々のほうがずっと少ない。今まで我々が知っていた難民は、民族や宗教が違うことで迫害されたり、現政

シリアの市民殺害数統計(2011年3月～2016年1月)

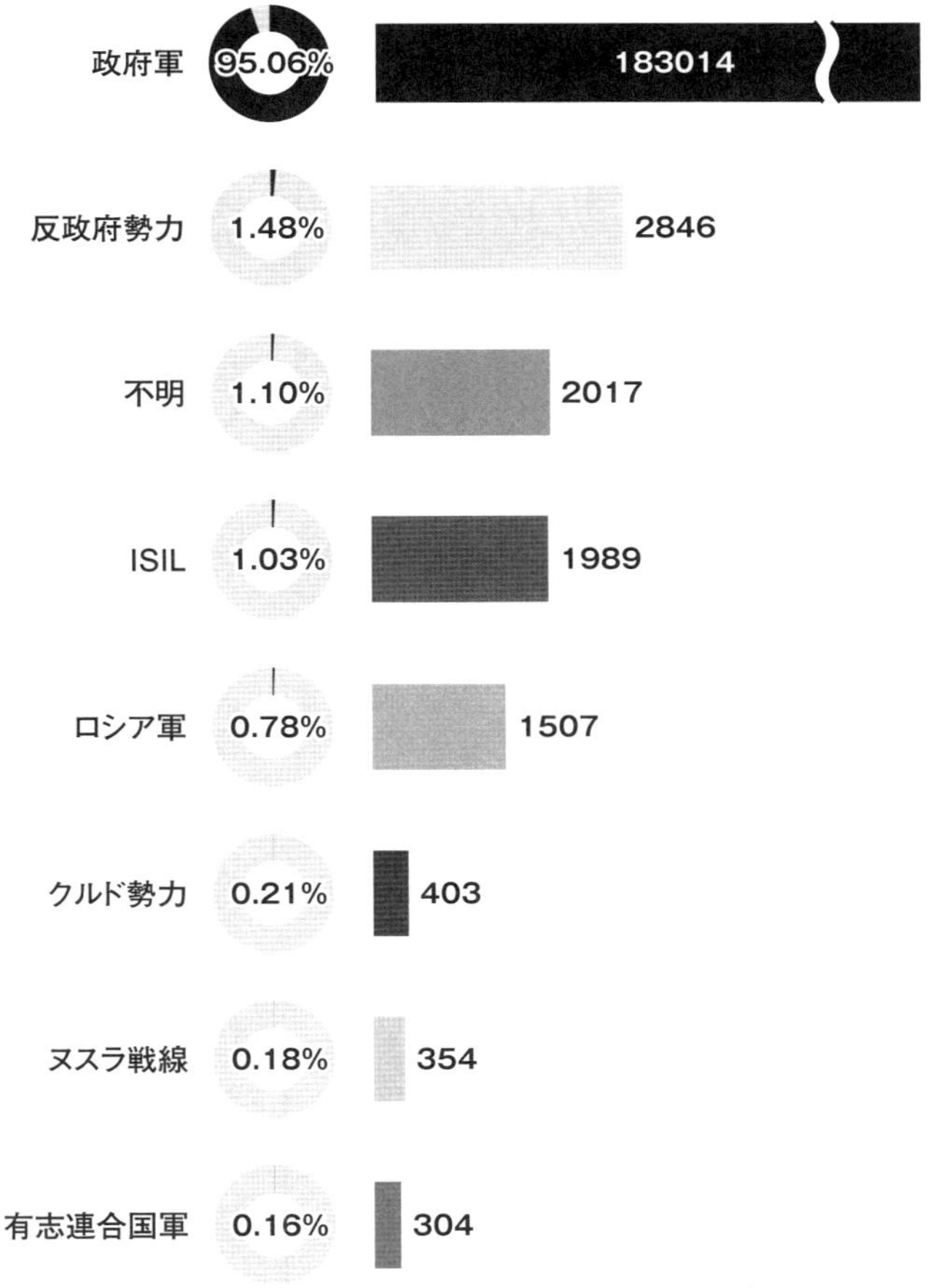

Syrian Network for Human Rights より

権と異なる主張をもつために迫害を受けて自国の保護を受けられない、あるいは自国に保護を求めることすら恐れて国境を越えて逃れる人のことでしたよね。一九五一年の難民条約でもそう規定されています。

ところが、シリア難民はまったくそれに当てはまらない。政府がありとあらゆる国民を攻撃しているので、民族や宗教を問わず、また、大金持ちも無一文の人も一緒になって国境を越え、逃れなければならないのです。こんな例は今までにまったくありませんでした。少なくとも第二次大戦以降にはなかったですよね。一つの国家が破綻《はたん》してしまったことによって難民が出ている。従ってこれをヨーロッパだけの問題として切り取ることはもちろん不可能だし、近隣国だけの問題でもない。発生源のシリアから現状の最終目的地であるドイツまでつながっている「恐るべき人道の危機」なんです。世界は、最近までその認識をもっていなかったように思います。

難民の目の前で次々と閉ざされる国境

中田　イスラーム諸国の難民問題自体はシリアに限らず、実はもっと前からあったんです。たとえば一九七八年から始まったアフガニスタン紛争[*2]の時は、一〇〇〇万人近くの難民がでました。でもその時にはヨーロッパまで行かなくても、近隣のイスラーム圏諸国がみんな受け入れてくれた。イランとパキスタンで三〇〇万～四〇〇万人ずつぐらい受け入れたのです。

内藤　イランとパキスタンで三〇〇万～四〇〇万人ずつ！

中田　そうです。両方とも貧しい国ですが、平気で難民を受け入れた。彼らにとってはそれが当たり前なわけです。同じイスラームの同胞が困っていれば、まず手を差し伸べます。二〇〇三年のイラク戦争とその後の混乱でも四〇〇万人近い難民がでて、そのうち一五〇万～二〇〇万人ぐらいをシリアが受け入れていました。彼らは「大変だ」なんて騒ぎもしないで、ごく自然に助けるわけです。

内藤　そう、ムスリムは苦境にある人間を受け入れますよね。特に弱者に対して優しい。その部分は今回のシリア難民問題の中でも、日本でいちばん語られていない部分だと思います。

中田　知られていないですね、日本では。

内藤　今回もシリア難民はまずトルコ、ヨルダン、レバノンに殺到しましたね。

中田　はい。でもシリアはヨーロッパに近いので、難民はトルコを経由してヨーロッパにも入ってきたわけです。アフガニスタン難民の時も、ヨーロッパは問題をすべてイスラーム世界に押しつけて、知らん顔をしていました。ところが今回は、トルコから続々と人が流れてくるの

ヨルダン国境に殺到するシリア難民

で大あわてをしている。本来であればもっと早くシリアの問題に気づくべきでした。もう流れを止められなくなり、ヨーロッパ国境など鉄条網の前で立ち尽くす難民の写真が全世界にでたことで、ようやく問題が顕在化しましたが、問題そのものはもっと前からあった。ヨーロッパは四年間も無関心で過ごしてきました。あるいは見えないふりをしていた。シリア難民の問題は、こういう話なわけです。

内藤　シリアからドイツへ向かう難民は、初めのうちハンガリーを経由してドイツへ入っていました。でも二〇一五年の秋にハンガリーの国境が鉄条網で閉ざされてしまい、そのほかの国もパリの事件以降どんどん排外的になって国境が閉ざされていく。ただでさえ大変な苦労をして長い道を歩くわけですが、ますます困難を強いられています。

中田　そうですね。その現状は「難民問題」と言われますが、そう言っているのは我々も含めて豊かな国にいる人間であって、シリアからようやく逃げてきた人たちにとっては、まさに目の前で国境が閉ざされる、無理に越えようとすれば撃ち殺されることもある。まさに「国境問題」なわけです。

内藤　ええ、もともと国境という意識が希薄なシリア人にとってみれば、どうして行きたいところに到達できないのかと。しかも、病人も年寄りも子供も連れているのに、水や食糧さえ分けてもらえないのはどういうことなのだろうと疑問に思う。前にも話したとおり、このあたりの国境など、わずか一〇〇年前に引かれた線にすぎないわけで、それまでは、シリアからヨーロッパまで商人たちは都市から都市へわりと自由に移動することができた。

中田　そうですね。

内藤　ある報道では、ヨーロッパのある国にたどり着いた難民の人が、警察官に「水をくださ い」と頼んだら断られたと。「お前に水をやるのは俺の仕事ではない」と警官は答えたそうです。まさしくこれが、国家というものの矛盾を明らかにしていますね。警察官にしてみれば自分の国家が決めたルールを守っているだけでしょうが、目の前に水すら得られなくて困っている人間が現れた時に、国家も民族も関係なく水を一杯差し出すのが人間ですよね。些細《ささい》なルールを守ることがどれだけ大事なのですか。

一方でこれがムスリムだったら、即座に助けます。トルコが結局国境を閉めなかったのは当然なのです。やはり窮状に喘《あえ》いでいる人をその中に閉じ込めて見殺しにするということはイスラームの価値観に照らしてできないですから。

中田　はい、困っている人を助けるのは、イスラームの義務ですから。

内藤　ムスリムたちにとって、人助けは神が課した義務ですよね。トルコのエルドアン[*3]政権というのはイスラーム保守的な層の支持を受けてきたわけですから、国境を閉めるようなことをしたら支持を失ってしまいます。ところが西洋ではほとんど「神」が機能していませんから、義務といえば国家が課したものぐらいしかない。そうすると、目の前に困った人がいても、一人の人間として処遇しようと思えないのですね。国家の論理で行動すると、こうした矛盾がいくらでも生じる。

中田　それなのにヨーロッパの人たちは「人権が大事」と言っているので、まさに偽善が際立つわけです。

内藤　期せずして中田先生が年来言っておられる領域国民国家の欺瞞というものが、シリアからの人間の奔流によって露呈されています。それと、もう一つ大きな問題というのはやはり、ムスリムが多数を占めている国がこうした構造と同じ欺瞞を内側に持っていることですよね。

中田　基本的には、サウジアラビアなどを除けば、すべてが植民地だった国ですから。一応独立はしたわけですけれど、独立を進めたエリートというのは西欧の教育を受け、非イスラーム的なシステムの中で育った人たちです。彼らがイスラームを代表して話をしても、全然話が進まないわけです。今の難民問題だって、なぜシリア人がヨーロッパに向かっているのか。あるいは、イスラーム圏でも貧しいレバノンとかヨルダンには行くのに、なぜお金があるサウジアラビアとかクウェートで受け入れてもらわないのか。そのことを誰も口にできない。誰でも知っていることなのですけれども、日本にいるとあまり見えてこないことです。

ドイツの難民対策はホロコーストの反省を活《い》かせるか

内藤　ところで、シリア難民の多くがドイツを目指しているのには理由があるのです。まずはメルケル首相[*4]が「我が国には難民を受け入れる責任がある」と言ったこと。

中田　ドイツには政治的な迫害を受けた人を受け入れる法律がありますね。

内藤　憲法に当たる基本法の第一六条aにある「政治的迫害を受けている者は（ドイツに）庇《ひ》護《ご》権を有する」。これは、言ってみれば日本の憲法第九条に匹敵する素晴らしい条項ですね。ドイツが第二次大戦後になにを悔いたかというと、戦争をしたことではなく、ユダヤ人に対するホロコースト。その反省に立って、逆に誰でも自分の国で迫害を受けたらドイツに庇護権を請求できると規定したのです。ただし一六条aには、難民として「受け入れる」とは書かれていません。庇護権を「有する」と書いてある。

中田　なるほど、なるほど。

内藤　しかし、すでに山のように附帯条項がついています。一九九〇年代の旧ユーゴの紛争、ボスニア紛争、コソボ紛争の時も、今と同じように難民がドイツに殺到したので、その時懲りたんです。そこでいろいろ条件をつけた。ドイツの基本法は日本の憲法と違ってわりと変えられますからね。一六条そのものは今も残っているのですが、たとえば「第一上陸地点が安全な国だったら、そこを越えてドイツに来ることはできません」などの条件を加えている。

また九〇年に結ばれたダブリン協定にも、「難民は第一上陸地点で難民申請をしなければならない」という条項があります。ダブリン協定にはEU加盟国に加えてスイス、リヒテンシュタイン、アイスランドも入っていますからほぼヨーロッパ全域を網羅しているのですが、これに従えば第一上陸地点で申請を拒否された難民が自国にきた場合、自動的にその難民を第一上陸地点に送り返すことができるのです。

ところが二〇一五年の八月に、メルケル首相は「ダブリン協定を一時撤回します」と発表した。首相だけじゃなくドイツ連邦政府の移民・難民局が即座にこれを公式ツイッターやフェイスブックなどで流したのです。

中田　シリア難民の多くはスマートフォンを持ってSNSで情報を得ていますから、あっという間にそのことが広がりましたね。

内藤　ええ、驚くほど瞬時にほぼ一〇〇パーセントの難民に伝わった。だからみんな、トルコ経由でギリシャに入っても難民申請はしません。ハンガリーでする気もありません。「はじめに」で紹介した青年もそうでしたが、難民たちが口を揃えて「ドイツまで行くんだ」と言っているのは、メルケル首相の「受け入れ」宣言と「ダブリン協定の一時撤回」の二つが根拠になっているのです。ドイツ連邦政府はしっかり自覚して政策を決定したわけですし、その決断は正しいことだと思います。しかし、実際にはどうでしょう。一〇〇万人の難民のほぼ全員がドイツを目指すのは、途方もなく難しい。

中田　まあムスリムの私から見れば、貧しいシリアだってかつて一五〇万~二〇〇万人ものイラク難民を引き受けたのに、富めるドイツの国は難民一〇〇万人程度の受け入れもできず、何を騒いでいるのだろうっていう気にもなります。

メルケル政権を揺るがす難民問題

中田　先ほどムスリムにとってフランスよりはドイツのほうが住みやすいと言いましたが、ドイツは規則の厳しい国ですから、やはり難民もドイツへ入ったら大変な思いをするような気がします。どうなのですか、そのあたり?

内藤　そこなんですよね、問題は。少し前まで現政権は「移民は規範文化（ライトクルトゥア）

を守れ」と言っていたのです。その規範文化の内容ははっきり言わず。「ドイツ的なるものの総体」だということなんでしょう。規範となる文化は代々ドイツ人に受け継がれていくということですから、これも血統主義の国民観につながってしまいます。血の概念というのは一見すると科学的に見えますが、まったく非科学的です。たとえばドイツ人とベルギー人の血では血液の組成が違うことなどありません。血統主義は極めて空想的、観念的で、かつ容易に他者を疎外するし差別できるわけです。やっぱりそういうところは一朝一夕には変わらないのですね。

中田　それはそうですよね。だからドイツに長年住んでいたトルコ人なんか、嫌でたまらなかったと思うのです。

内藤　確かに半世紀前からドイツに大勢いたトルコ移民たちは、屈辱的な扱いを受けていました。移民の二世、三世になっても、「ところであなた、いつ国に帰るの?」と言われ続けて。

中田　ドイツにとって、彼らはあくまで「ガストアルバイター」で、国民ではなく客人なのですね。

内藤　その「ガスト」という言葉、日本では「お客さん」という意味でとらえられていますけれど、ドイツでトルコ人を「ガストアルバイター」と呼ぶ時はちょっと違います。テレビ番組のゲストのように「その場限り」という意味。つまりトルコからきた移民を、「一時的な労働力」としか見ていなかったのです。九〇年代終わりぐらいにトルコ人側が「その言い方はやめてほしい」と抗議すると、今度は「アウスレンディッシュ・アルバイトネーマー」と言い替えた。これも意味は「外国人労働者」ですから、とにかくドイツ側は表現だけ替えて、徹底して「自分の身内じゃない」と言っているのです。

中田　なるほど。

内藤　二〇〇〇年には血統主義を原則とする国籍法を変えて、ドイツ生まれの移民には国籍を付与することにしました。しかし、それでも二三歳満了までに、ドイツ国籍を選ぶなら原国籍を捨てること、原国籍を選ぶならドイツ国籍を捨てることが条件でした。二〇一四年になると移民に対して事実上の二重国籍を認めました。ドイツなりに悩んで移民との共生をはかろうとしている努力も分かる。でも、トルコ移民の現実を見れば、非常に複雑な家族構成になっています。ファミリーの中で「トルコ国籍しかもてなかったお爺《じい》ちゃん」、「ドイツ国籍を選択した息子」、「ドイツとトルコの二重国籍をもった孫」と、分断されてしまうのです。

中田　そうですね。

内藤　しかも国籍を選ぶまでの段階で、統合テストを受けさせられます。たとえば一八××年に××をやったドイツ人は誰だ、みたいなことを聞くのです。

中田　ちゃんとしたドイツ国民になれと。
内藤　そう、国籍を選ぶにも条件をつけるわけです。
中田　そもそもムスリムは「世界市民」的なものですから、国の概念とかあまりないんですけれど……。
内藤　ムスリムのほうがよっぽど世界市民的。最初から領域国民国家のちまちました枠組みの中でなにかをしようと思っていない。
中田　はい、それはそうです。
内藤　ドイツでは、ムスリムの人たちを排斥しようという運動が今急激に盛り上がってきている。東部のドレスデンを拠点にしているＰＥＧＩＤＡ（ペギーダ）という政治団体が反イスラーム運動を繰り広げて、当然ながら彼らは難民の受け入れを拒否しています。ＰＥＧＩＤＡは「西洋のイスラーム化に反対する欧州愛国主義者」の頭文字で、この名称も禍々《まがまが》しいですが、彼らに呼応する人もかなりの勢いで増加しているのです。
中田　ドイツに限らず、西欧諸国全体がそうなっていますね。
内藤　かつての魔女狩りの発想ですよね。二〇〇一年九月一一日にアメリカで起きた事件で前々から西欧諸国に蔓延《まんえん》していたイスラーム・フォビアが再燃し、今回のパリ事件でまた火が大きくなったという構図ですね。ドイツで言えば、ケルンに二〇〇〇人を収容するモスクをつくる計画が二〇〇七年に発表されると、大きな反対意見がでました。結局、一見してモスクに見えない建物にしたのですが、今またケルンでは「ここはキリスト教徒の国なんだから、ムスリムは出て行ってほしい」という声が高まっています。もともとあった人種的、民族的嫌悪を今度は宗教にすり替えて、ムスリムを排斥しようとしています。

中田　なるほど、そうですね。

内藤　メルケル首相の与党CDU（キリスト教民主同盟）も決して一枚岩ではない。南部のバイエルンではCDUはなくて、CSU（キリスト教社会同盟）というCDUの姉妹政党があります。ところがこのCSUはかなりの右翼政党で、難民の受け入れには反対なのです。それも「完璧」に反対なので、メルケル首相に対して喉元《のどもと》に刀を突き付けるような形で「やめろ」とはっきり言っている。メルケルさんは今のところ怯《ひる》んでいませんけれど、しかし彼女の政権基盤が難民問題によって揺らいできていることは間違いないでしょうね。

中田　メルケル首相は二〇一五年一〇月にトルコを訪問して、もう難民をヨーロッパへださないでくれと言っていましたね。

内藤　そう、EUは三〇億ユーロをトルコに提供するし、トルコのEU加盟をドイツは後押し

2016年1月11日、ミュンヘンで行われたPEGIDAの反イスラームデモ

する用意がある、それになんとトルコ国民にはＥＵにビザなし渡航を認めようと。それと引き換えに難民を止めてくれと。ヨーロッパにとって大問題なのは分かりますが、つまりＥＵは難民を金で売った。しかし、二〇一六年一月の時点で、難民流出は止まっていない。そもそもシリア内戦が終わらないのに難民が止まるはずはない。このトルコとの交渉も難航すると私は見ています。

難民問題に対するコンセンサスがないヨーロッパ

中田　利害関係を離れて客観的に言うと、自由主義というのは市場原理なのでドイツに難民が殺到すればドイツ自体に問題がでて住みにくい国になるはずですから、その時難民の流入は止まる。難民たちはドイツより住みやすいほかの国に行くので、それで均衡が達成され、公正が実現する。それがほんとうの意味の自由主義なわけですよね。

ところが、利害関係がある人間たちは、当然それを認めません。そんなことになったらたまらないと。それは日本でも同じで、たとえば北朝鮮や中国が崩壊して難民がわっと日本に流れてきたらアジア全体が平等に貧しくなります。でも「それは困る」というのが現実で、それと理念との間のどこで折り合いをつけるかというのが、実際には問題なわけです。

内藤　ヨーロッパは二〇一五年の九月の時点で、一つの折り合いをつけようとします。ＥＵに加盟する各国がその時点での難民一六万人を公平に割り当てて引き取りましょう、ということで一応合意したと伝えられた。その国の経済規模やこれまでの難民受け入れ実績、失業率などを参考にして受け入れ人数を決めたそうです。しかし、これがなかなか合意できなかった。

キプロスでさえ二七三人の受け入れ割り当てがありました。キプロスがどこにあるか。シリアの目と鼻の先に位置しています。命からがらシリアからドイツまで渡ってきた人に、「はい、あなたの割り当て先はキプロスです」と言われて喜んで行くでしょうか。

中田　ありえないですよね。シリアの秘密警察の手から少しでも離れたいはずですから。

内藤　現在ＥＵの加盟国は二八カ国ですから、多分日本人だって知らない国、位置がよく分からない国がある。そういうところに「あなたの行き先はここです」と割り当てようというのです。前に言ったように、現状では難民たちのほぼ一〇〇パーセント近くがドイツ、一部がスウェーデンを希望していますけれども、ほかの国というのは極端に希望者が少ないのですね。そうすると、希望どおりにならない人たちが溢れてくる。

二〇一五年になってからヨーロッパにすでに到達している難民の数は七〇万人を超えていますので、もちろんドイツ単独では引き受けられません。しかし、望んでいない国に割り当てられた時に、彼らがちゃんとそこへ行くかどうかも疑わしいですし、割り当ての当事国によって待遇に差がでないよう、どこの国でも同じように保護するかと考えると、これも非常に疑わしい。

中田　受け入れ格差はでるでしょうね。

内藤　格差以前に受け入れそのものを拒否する国もありそうです。ハンガリーなど受け入れに断固反対している国や消極的な国が多数あって、難民割り当て措置は合意されたもののまだ義務としてきちんとやるかどうかも不明です。それに受け入れてもらったとしても、大きな壁はありますね。そこに一定期間滞在するわけですから、言葉を覚えなくてはいけない。ドイツに行きたかった人がドイツに留《とど》まれれば一生懸命ドイツ語を勉強すると思いますが、希望していなかった国、よく知らない国に割り当てられた人が、その国の言葉を積極的に勉強するとは思えないですよね。

中田　ましてや今ヨーロッパには、「ムスリムはみんなテロリストだ」と決めつけている人たちがたくさんいますからね。

内藤　難民を受け入れるために一〇〇の準備をしなければならないとすれば、まだ一つか二つしか準備できていない状態なのに、ヨーロッパへの難民の奔流は終わりが見えない。でも、ヨーロッパ諸国で難民受け入れのアンケートをすると、肯定する人も大勢いるのです。メディアによるアンケートの分類は「左派」の人、「右派」の人と分けることが多いのですが、左派の人はおおむね受け入れ賛成の結果がでています。でも、「左派」は宗教には関心を持たない、あるいは否定的な人が多いですから、難民の敬虔なムスリムが信仰実践を始めた瞬間、態度が変わるであろうことは容易に想像がつきます。

賛成していた人も排斥論に傾いていくでしょう。これは、移民を受け入れてきた半世紀の歴史から明らかなことです。ヨーロッパはイスラームとの共存について、とてつもなく困難な状況になっていくと私は懸念しています。

EUではバルカン半島やギリシャに収容施設をつくって、難民がきたらそこへ送ろうという案もでていますが、そもそもバルカン諸国は難民受け入れに大反対しているのに、どうしたらそんなことができるのでしょう。口では「人道主義で難民を受け入れるんだ」と言いながら、ヨーロッパ諸国はまったくこの問題に対するコンセンサスが成り立っていません。

ひとつ重要なのは、最初に難民たちを受け入れているトルコやヨルダン、レバノンなど、ムスリムの多い社会は、彼らを「難民」と括《くく》ろうとは必ずしもしないことなんです。どちらかというと、お客さんとみなしているような感じがします。もちろん彼らの窮状は知っていますが、

「国民」とは違う「難民」として無理やり一括りにしようとはしていないように思えるのです。

中田　私たちムスリムに言わせれば、だいたい「国境」というもの自体が人道に反するのですけれど。

極右からリベラルまで――イスラーム・フォビアが加速するヨーロッパ

内藤　ここで、ドイツ以外のヨーロッパ各国はどういう難民受け入れ姿勢なのか、二〇一五年九月あたりの数字ですが、個別にちょっとみておきましょう。フランスは先ほどの割り当てで言えば、いちばん多いドイツの一万七〇〇〇人に次いで一万三〇〇〇人を引き受けることになっていますが、難民側にはフランスを希望する人が非常に少ない。

中田　そうでしょうね。

内藤　フランスは今やムスリムが町を歩いているだけで敵対的なまなざしを向けますから。シリアの人たちはヨーロッパへ向かう前に、そういう情報を得ているのかもしれませんね。

イギリスの場合は、ドイツのメルケル首相が主導する割り当て措置には反対の立場です。しかし、国内にはすでにムスリムが溢れていますし、今さら政権が難民は受け入れないとは言えないでしょう。

中田　イギリスはムスリムの流入には反対だけれど、ドイツ的な強面《こわもて》のイメージはないわけですね。

内藤　ないですね。ハンガリーは先ほどからたびたびでてきたように、国境に鉄条網までめぐらして強固な排外姿勢を見せていますが、最近の論調を見ていると、ヨーロッパ各国で「ハンガリーは正しいことをしている」という意見も目立つようになってきました。バルカン半島のルーマニア、ブルガリアも最初から強固に守りを固めて、陸路は通れなくしています。ポーランドやスイスも、少し前の選挙で難民受け入れを拒否、反対している政党が第一党になりました。

中田　なるほど。

内藤　興味深いのはオランダで、あそこは何百年もの間交易国家として栄えた商業国ですよね。江戸時代には日本の長崎までやってきて、徳川幕府ともつき合った。異国の人、異質な人も受け入れる土壌があるのです。近年になっても、同性愛者への差別もほとんどなく、安楽死や麻薬についても、個人の判断を尊重する国だったはずです。実際今もオランダでは、さまざまな肌の色をもつ人たちが暮らしています。当然ムスリムでも難民でも「ウェルカム！」の国だったのに、突如として反イスラーム的な勢力が台頭してしまったのです。

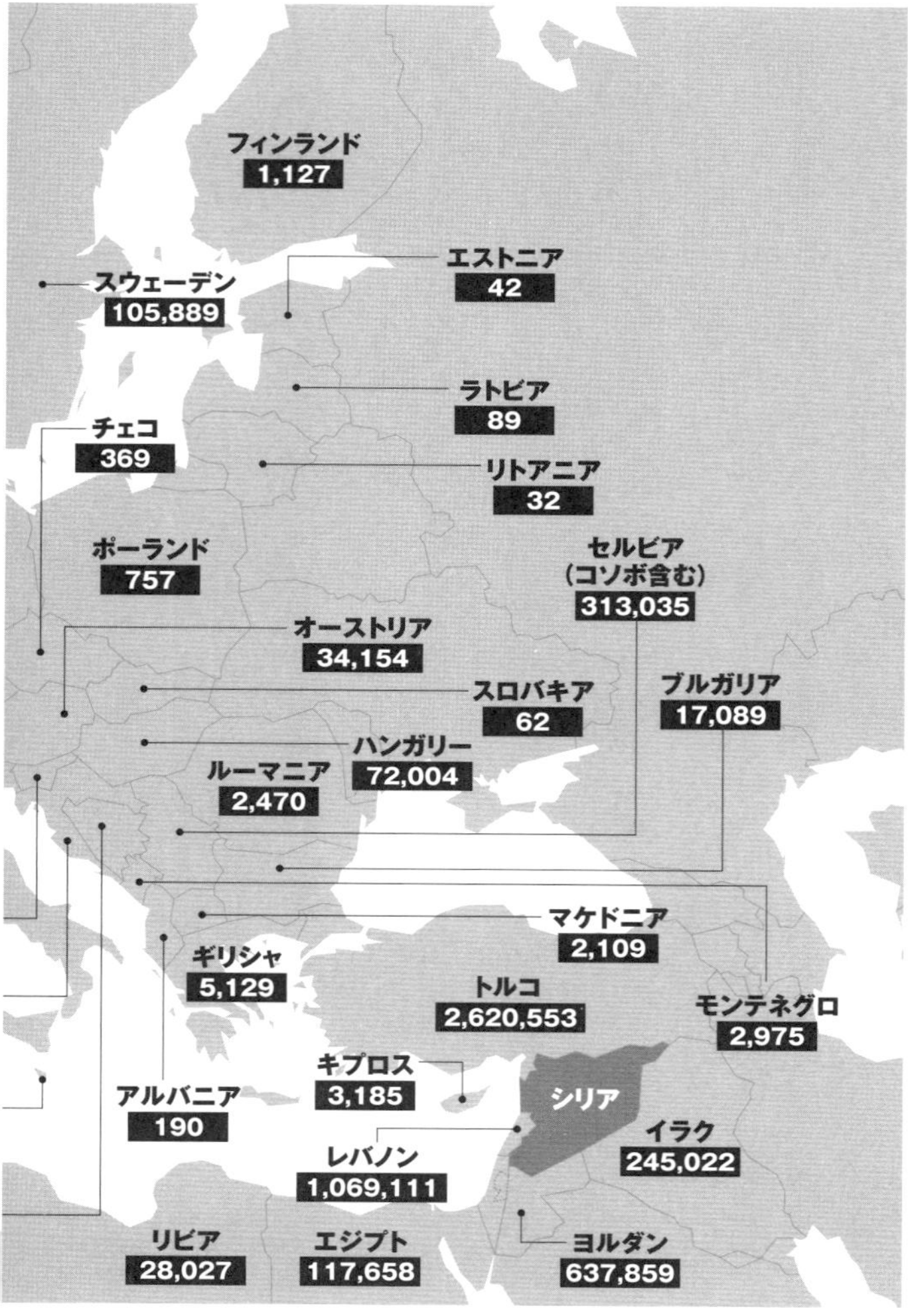
フィンランド
1,127
エストニア
42
スウェーデン
105,889
ラトビア
89
チェコ
369
リトアニア
32
ポーランド
757
セルビア（コソボ含む）
313,035
オーストリア
34,154
スロバキア
62
ブルガリア
17,089
ハンガリー
72,004
ルーマニア
2,470
マケドニア
2,109
ギリシャ
5,129
トルコ
2,620,553
モンテネグロ
2,975
キプロス
3,185
アルバニア
190
シリア
イラク
245,022
レバノン
1,069,111
リビア
28,027
エジプト
117,658
ヨルダン
637,859

ヨーロッパ、近隣諸国のシリア難民統計

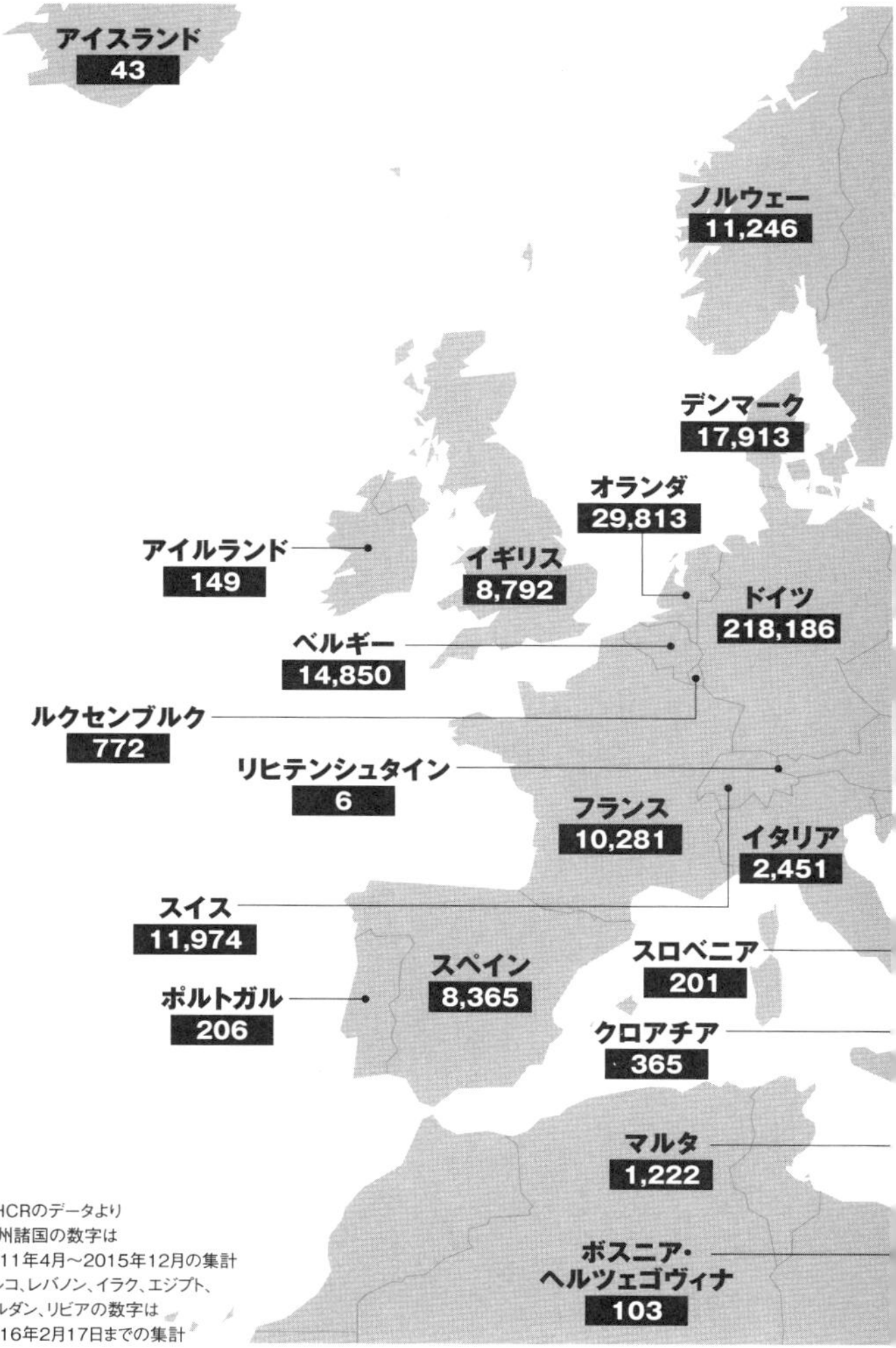

UNHCRのデータより
＊欧州諸国の数字は
2011年4月〜2015年12月の集計
＊トルコ、レバノン、イラク、エジプト、
ヨルダン、リビアの数字は
2016年2月17日までの集計

中田　それもやはり、9・11事件がきっかけですか？

内藤　そうです。最初はピム・フォルタウィン[*5]という政治家が排外主義を主張し、今は下院議員のヘルト・ウィルダース[*6]が率いる自由党という政党が主役です。彼らは「イスラームからの自由」を主張しています。イスラームは押しつけがましい宗教で、その信者がオランダにいること自体は迷惑だからでていけ、『クルアーン』は禁書にしろ、と主張しています。欧米の多くのメディアは誤解していてオランダ自由党を右翼政党と報じていますが、彼らはリバタリアン（極端なリベラル）型の排外主義者であって右翼ではありません。フランスで支持を増やしているマリーヌ・ル・ペン[*7]党首の国民戦線[*8]はフランス的なものにしがみついて生まれた極右政党ですけれど、オランダにはしがみつくものはない。じゃあオランダ自由党はどこから生まれたかというと、その名が示すように「リベラル」からなのです。

中田　そのあたり、ちょっと日本人の感覚では分かりにくいですね。

内藤　そう、日本人やアメリカ人にはよく分からない。ヨーロッパのリベラルって、どちらかというと富裕層に多い。人に干渉されず、自由に過ごしていたい、だから目障りなやつは消えてくれ、という発想。この傾向は、デンマーク、スウェーデンといった、これまでリベラルだと言われていた国にも強い。難民を排除したいのは、極右勢力だけじゃないのです。

中田　今までの内藤先生のお話だと、ムスリムの居場所はまったくありませんね。

内藤　でも、難民や移民をソフトに処遇する可能性をもつ地域がないわけでもありません。意外ですが、スコットランドには、かすかな可能性がありそうな気がします。スコットランドの人って都会の雑踏は別にして、田舎の道ですれ違うとみんなニコッと笑いかけてくる。スコットランドに行くとほっとします。今のスコットランド国民党は、むしろ真っ当なくらい社会民主主義の政党で、弱者に対する政策を充実させている。難民の受け入れに対しても積極的な姿勢を示しています。

中田　中東と同じですね。中東の人も顔が合うとみんなニコッとします。

内藤　しますよね。

中田　ただパキスタン人だけは笑わないので、最初は怒っているのかと思ったら、別に怒っているわけじゃない。どうもインド亜大陸の人たちは意味がないと笑わない習慣のようですね。中東の多くの人は遊牧民ですから、定住せずに家畜と一緒に移動しますよね。国家や国境意識が薄いのもそのことと関係が深いわけですが、彼らが移動する土地は、沙漠だったり、かなり自然条件が厳しいですから、人と出会ったらお互いに助け合わないと死んでしまう。代々助け合って生きてきたので、人と出会ったらまず、「私はあなたに敵意はありません。助け合いましょう」という意思を示す。厳しい環境の中では、それがもっとも合理的なのです。
内藤　スコットランドもそうじゃないかと思います、一三世紀から一四世紀にかけて長い間イングランドと戦ってきたし、自然もなかなか厳しい。
中田　文化的な面から考えると、かつてアラブ文化があった南欧のほうがムスリムには合うのですけど、南欧はヨーロッパの中では貧しいので、あまり受け入れ体制がないのですよね。
内藤　そう言えば、フランスのテレビニュース番組（France2）で、難民を受け入れたイタリア南部のリアーチェという村が紹介されました。過疎化が進む村の住民が「難民、万歳！」と言っているのです。「難民がきてくれたおかげで、やっとこの村に活気が戻った」と。反対の声はないのかレポーターが聞くと、お爺さんが一人だけ「ただで飯を食っているのは良くない」と言っていましたけど。
中田　ほう～（笑）。
内藤　その村は画期的な対策もしていましたね。村の中だけでしか通用しない通貨を発行して、難民がきたらそれをただで配るのです。難民はそれで飲み食いできるし、店の人はその通貨を役所に持っていけばユーロに替えてもらえるというシステム。うまいやり方ですよね。ただ、「今日、新しいアイロンをもらった」と喜んでいるパキスタン人がでてきたのですが、その人は一見して難民とは思えなかった（笑）。

中田　ともかくどういう事情であれ、村にきた人たちを一様に客として扱っているということですよね。

内藤　それがヨーロッパの大半の国に欠けているのです。

イスラームにある「客」の文化

内藤　中田先生がおっしゃったように、イスラームの人は出会ったらニコッと笑うだけじゃなく、相手を歓待しますね。昔シリアの沙漠を旅していて、ベドウィンのテントがあったので訪ねたのです。日本人の感覚だと「そんなことしたら危ないんじゃないか」と思うかもしれませんが、彼らは行くと必ずコーヒー豆をひいてとても苦いコーヒーをいれてくれる。それをポットから小さなお猪口《ちょこ》みたいな器に注いでお客さんに渡す。飲み干すとまたついでくれるので、「もうけっこうです」という時はお猪口を振る。それがサインなのですよね。

中田　そうなのです。

内藤　とにかく苦いコーヒーでしたが、そこは摂氏四〇度、五〇度という灼熱《しゃくねつ》の地ですから、水もありがたいけれど苦いコーヒーも気つけ薬になる。テントの主人が「お前、どこからきた？」と聞くのでアラビア語で「日本だよ」と答えたら「そうか、日本からきたアラブか」。それで終わり。

中田　中東は多民族が暮らす遊牧世界ですから、言葉が通じないほうが当たり前で、それでも人がくれば水やコーヒーをだしてくれる。イスラームの友人や知人を訪ねると、必ず「泊まっていってくれ」と言われます。泊める時は三日間泊めてもてなすのが義務で、これも昔からの文化なのです。

内藤　これは遊牧民だけではなくてシリアの都市民でも同じでした。もてなしが始まると最低半日潰れるのですよね。そこから羊を一頭、解体を始めて、大宴会が始まって。私はシリアで何度も経験しました。

ところが、ヨーロッパの人もヨーロッパ的教養を身につけた日本人も、イスラームと聞いたとたんに危ない人たちだと思い込んでいる。昔、一橋大学のゼミの学生とフィールドワークでベルリンの移民街へ行った時、たまたまベルリンで出会った日本人のドイツ文学の先生に「おまえ、なんて非常識なことをするんだ。移民街に女子学生を連れて行って、危ないと思わないのか」と言われました。当の女子学生に聞いてみると、酔っぱらっているドイツ人のほうがよっぽど危ない、と。

中田　遊牧文化が基層にあって、これをもとにして、それが都市に広がっているわけですね。実際行ってみると、ほんとうになんの危険もないのですよね。イスラーム世界って、恐ろしいほど安全なんです。

内藤　沙漠で出会うというのは、まさに海にいて、たまたま行き会うということです。そこでお互い殺し合いをするかっていったら、そんなことしないですよ。助け合おうとするほうが自然ですし、彼らは実際、そうします。そういう人たちがヨーロッパへ入ったら大変な文化的な落差を感じるでしょうね。

つまり、西欧的な価値観においては人間対人間の合理性が働かなくなっている。その根源は、おそらく中田先生がずっと言っておられるように、領域国民国家のシステムなのでしょう。

中田　その問題というのは、日本は農耕文化なので、分かりにくいのですよね。結局、まわりは顔見知りで、同じ村にいて、ずっと一緒にいる人たちだけが信頼できて、よそ者は疑うという、そういう土着的な感性がそのまま国家レベルに投影されているので、それが当たり前だと思ってしまうわけですね。

ところが中東ですと、もともとマルチエスニックで、しかも遊牧文化ですから、基本的には人間というのは、たとえ知らない人間であってもお互い殺し合ったりしないものだというのが当たり前なので。実証的な根拠はないのだけれども、そういう信頼感がある。そして実際にそれでうまくいくという。客の文化にはそういう背景がありますね。

内藤　そういうルールを与えたのがイスラームだったのではないかと思います。

さて、逆に自分たちがマイノリティになると分かっている国に行く時の行動様式とか発言とか、彼らはどういうふうに考えているのでしょう？

中田　基本的にはやはり、イスラームは客の文化なので、客分として迎えてくれれば恩義はずっと忘れないということですね。

内藤　客分。

中田　ええ。自分たちが客分でそこにいる場合には、かくまってくれた親分の顔をつぶしちゃいけない（笑）。これって当たり前の話ですよね。

内藤　今の話で思い出したのは、9・11事件の黒幕としてアメリカがアルカイダのウサマ・ビンラディン[*9]を追っていた時、アフガニスタン・タリバンがかくまって差し出さなかったことです。あれはビンラディンに恩義を感じていたタリバンが恩を返したわけですが、それと同じことですよね。

中田　そうです。義理のある人を立てる。ビンラディンもそのあと、自分たちをかくまってくれたタリバンのモッラー・ウマル[*10]を立てていましたから。

内藤　タリバンはソビエトのアフガニスタン侵攻の時に、ビンラディンたちアルカイダに世話になったのでしたね。

中田　そう、そのジハードの時です。

内藤　同志社大学にはアフガニスタンからの留学生が何人かいるのですが、彼らにも聞いてみたことがあるのです。彼らはみんなカルザイ前政権の官僚で、日本に留学生としてきていますからタリバンなんか大嫌いです。彼らに「じゃあなぜ二〇〇一年にアメリカからあれだけ脅されてもビンラディンたちを差し出さなかったんだ？　差し出すべきだったと思うか？」と聞くと、「いや、絶対に差し出すべきではない」って。全員がそう答えましたね。その結果がどうなろうと、世話になった人を売るようなまねはできないのだと。

中田　カルザイ政権側の人間でも、やっぱりそう言ったんですか。それはすごいですね。

内藤　難民を受け入れる時は、そういう相手側の文化なり思考なりを考えなければならないのですよね。

中田　そうなのです。客分として扱ってくれればイスラームの人はうれしく思いますから、決して相手に迷惑をかけるようなことはしない。

内藤　だけどヨーロッパの人たちにとって、難民は難民であって、客じゃなく「難民」らしさを強いるのですね。困ってここにきたのだから何も要求せず大人しくしていろと。だからお金を持っているシリア難民がいると、不快に思うのです。難民はお金なんか持っていないという固定観念があるので、お金を持っていると「なんだお前、難民じゃないじゃないか」という態度にでる。だけどそれは大きな間違いです。

シリア人は西欧諸国に在外ネットワークをもっていて、これまでそのなかでお金を融通し合って生きていた。だから難民として国をでる時は現金を懐に入れていくし、各国の銀行にもお金があると思うのです。シリア近隣の難民キャンプにいる人はかなり厳しい状況ですけれど、少なくともヨーロッパを目指している人はお金を持っていますよね。

トルコのイズミールにある難民支援センターの人が「シリアからＢＭＷに乗ってきた難民がいる」と驚いていましたけど、空爆で店を焼かれ、家を破壊され、命と車だけが無事だったら、その車に乗って逃げるのは当然でしょう。ＢＭＷを持っていたって難民と言わざるを得ない。

中田　そうですね。

内藤　受け入れる側には、お金があるのに国から逃げなければならなくなった難民の境遇も理解してほしいですね。彼らがどうしてヨーロッパまでやってきたか、その事情や心情を考えないといけない。

中田　まったくそうですね。

内藤　前に日本人のイラストレーターが描いた難民のイラストと文章が問題になったでしょう。難民の女の子のイラストの横に、「安全に暮らしたいし、美味《おい》しいものが食べたいし、贅沢《ぜいたく》がしたい、他人の金で苦労なく生きていきたい……」というような文句があって、最後に「そうだ、難民しよう！」というフレーズで終わっているという。

あれは根本が間違っています。好き好んで難民になった人なんていないのですから、明らかに差別的な表現でした。しかし、美味しいものが食べたい、贅沢がしたいっていうのは本音です。あのイラストは胸が悪くなるものでしたが、それを批判した人たちが、あるいはヨーロッパでも難民を迎え入れようとしている善意の人たちが、どこまで、難民たちを、哀れな人間としてではなく、生身の同じ人間として受け入れることができるのか。そこが疑問でした。人間としてまるごと受け入れる覚悟をしないと、いつしか、難民なのだからこの程度の支援で甘んじろ、難民ならこれはするなという傲慢《ごうまん》な態度が出てしまうのではないかと思っているのです。もっとも、日本はまったく受け入れていませんから、話にもなりませんが。

中田　難民じゃなくたってそう思いますよ、それが人間の本性ですから。つまり難民も我々もまったく同じ人間だということですね。

内藤 そうなんですよ。それなのに「難民」という枠にはめ込んで、贅沢をするなんてもってのほかだ、と私たちも思いやすい。二〇一六年一月、デンマークは日本円で一七万円以上のお金や貴金属を難民から取り上げるという法案を議会で通してしまいました。デンマークの高度な福祉の恩恵を受けている国民は高い保険料や税を払っているのだから難民にも応分の負担を求めたということですが、これは難民たちには厳しすぎる。シリアの人は、そういう押し付けをすごく嫌いますよね。

中田 嫌いますね。

内藤 シリア人たちはあらゆるものごとにリテラシーが高いですから。ドイツなどが望むように、受け入れ先で技術分野の労働者として活躍できる要素ももち合わせていますが、それ以上に独立自尊の精神が高い。彼らがやむなくそこをでてヨーロッパに入った時「難民らしさ」を要求されたらどう思い、どんな行動を起こすか。ヨーロッパが先進的な社会だなんて思いませんよね。

ヨーロッパでも辛酸をなめさせられた、という思いが強くなると、「ここだけがムスリムにとってのユートピアだ」という文句で誘ってくるＩＳに行ったり、あるいは西洋文明に対する敵意を子孫に語り継いでいく可能性だってあるような気がします。

中田　そうですね。

内藤　だから、ヨーロッパ諸国の人が難民に出会ったら、難しいとは思いますが、まずはせめて食べ物と安心できる寝場所を提供して客人として扱うべきです。そうすればさっき中田先生がおっしゃったように、彼らは決して恩義を忘れない。

中田　そうなのです。

異文化同士かみ合わない権利意識

中田　先ほどイスラームは客をもてなす文化という話をしましたが、もう一つイスラームには商業の文化もあります。イスラームの人がヨーロッパに行くと、そこは基本的に権利の文化ですよね。そこでお互いが交流すれば、ヨーロッパでは人権が尊重される、という話になる。そうするとイスラームの人は、突然もう一つの顔である商業文化を前面にだしてきます。

内藤　イスラームは商業文化ですね。為替の制度を開発したのはムスリムだとも言われていますし。

中田　はい。で、商業文化というのは、相手が妥協すればもう一歩踏み込んで行くわけなのです。

内藤　チャンスだと見て、もう一儲《ひともう》けしようと。

中田　そう、我々日本人の感覚だと、「こちらがここまで譲歩したんだから相手も引くだろう」と思いますが、逆なのです。イスラームの人は、「そこまで引いてくれたんだから、もっと言えばさらに引いてくれるだろう」と考える。要求がどんどん増えていくのが商業文化なので、ヨーロッパのような権利の文化の中では当然さらにエスカレートしていく。人間みんな同じ権利があるなら、もっと要求させてもらおうというわけですね。

内藤　なるほど、それはよく分かりますね。我々が中東に行った時、ただの客人でいる限りはシリア人でもトルコ人でも極めて友好的で際限なく親切でしょう。

中田　そうですね。

内藤　ところがお金が絡んだとたん、ガラッと変わる。たとえば自分が大家として日本人に家を貸す関係にでもなったら、それまで友好的だったのに「修理とか家具の入れ替えでも、これ以上は絶対金をださない」と主張してきて大変なことになりますね。だすものは舌でも惜しい、みたいな（笑）。

中田　商業の論理というか権利の話になると、限りなくデマンディング（過剰に要求すること）

になりますね。私自身、エジプトに住んでいた時ほんとうに毎日嫌な思いをしましたから、ヨーロッパの人がイスラームのそういう押しの強さにうんざりする気持ちも理解できます（笑）。

内藤　トルコに限って言えば、日本人はトルコに対する印象って、はっきり二つに分かれますね。長く滞在していた人は、商売人としての彼らを見るから辟易《へきえき》して帰ってくる。お金が絡み始めると、途端に厚かましいわ、約束は守らないわ、ということになるので。一方、数日の旅行で行った人は、たいていトルコが大好きになって帰ってきますね。親切に案内してくれたとか、お店でお茶をだしてもらったとか、そういう話ばっかりでてくる。結局は高いものを買わされているのだけれど、親切にされるので、そういう部分は気づいていないのかもしれません。

中田　当のトルコ人のほうは、お客さんを親切にもてなしながら商売として高いものを売っているわけですが、そのことに彼ら自身はまったく矛盾を感じていないのです。

内藤　そうそう、彼らの中ではまったく矛盾していない。もう二〇年以上前の話ですが、学生を連れてトルコに行ったことがあるのです。カッパドキアまで行ったら、地元のおばちゃんと娘たちが人形を売りにくるわけです。たいした人形じゃないのだけど、とにかく「買え、買え」とうるさくつきまとってくる。

ちょうどその時、うちの女子学生が貧血で倒れたのですが、おばちゃんがなにをしたかと言えば、人形を即座に放り投げて彼女を抱きかかえた。それで「家から水を持ってこい！」と自分の娘に命令して、学生を一生懸命介抱してくれたのです。それまで執拗《しつよう》に物を高く売りつけようとしていたのに、目の前で人が倒れたら劇的に親切な人になる。彼らにしてみれば当たり前なのでしょうが、あの激変ぶりに日本人は驚きますよね。

中田　それが日本人にもヨーロッパ人にも分かりにくい。それがまさに、異文化の問題なのですよね。

「イスラーム圏に安住の地がない」のが最大の問題

内藤　トルコはシリアの難民問題に対しては緩衝国になっているわけですが[*11]、実はすでに二六〇万人もの難民をかかえている。大変な状況だと思うのですが、それでも「国境を閉鎖しろ」とは言いませんね。まあシリアとトルコの国境線は約九〇〇キロと大変長いですから閉鎖するのも容易ではないのですが、前にもでたように彼らは危機に瀕《ひん》している同胞がいたら助けるのが当然だと考えているわけですね。それだけの難民が殺到してもトルコでは、排外主義がでてきません。

中田　窮地に陥って逃れてきた人を追い返すことはしませんね。ここはヨーロッパとの大きな違いでしょう。

内藤　トルコ人とシリア人は民族も言葉も違いますが、とにかく受け入れます。トルコも決して豊かではないので政府が手厚い支援をしているとは思えませんが、民間レベルでは自分ができる範囲のことをごく自然にやっている。トルコで難民救援をしている団体の人に聞いたら、洋品店のオーナーたちが新品の商品を難民のために持ってくるそうです。

中田　イスラームには喜捨の精神がありますから、当然ですね。喜んで捨てるという字の如《ごと》く、自分が持っているものを持っていない人に分ける。普段強欲に商売している人たちもごく当たり前にそうするでしょう。

内藤　日本だったら難民がきた時、じゃあうちにある古着でもあげるか、と思ってしまいそうですが、そういう発想じゃないのですね。

中田　そうですね、日本人は自分が要らないものを与えるという発想になりがちですね。

内藤　日本人の問題はまた後でゆっくり話すことにして、ヨーロッパ人や我々日本人が感覚的にとらえている「慈善」と、ムスリムが難民を助けようとしている姿勢との間には、大きなギャップがあると私は見ています。

中田　内藤先生のおっしゃるとおりだと思います。それなのにヨーロッパ人はなにかというと「人権」をもち出すので、まさに偽善が際立つわけです。結局は自分たちと同じ人間、あるいは似ている人間しか受け入れない。ヨーロッパの人権概念は非常に抽象的ですから、私は否定しています。イスラームはバランスでものをとらえるので、違うものは「違う」と扱う。排除するのではなく、違うものとして共存していく。難民に対しても最低限のセーフティネットは保証するというシステムです。

ヨーロッパもこれだけ難民が入ってきたからには、イスラーム世界に対する見方、イスラームの人に対する扱いを見直すべきだと思います。あなた方固有の文化を尊重します、その代わりヨーロッパにも固有のルールがありますからそれを守ってくださいね、ということになればいい。そもそも今起きているイスラームの問題も、ヨーロッパがイスラームの文化をないがしろにしたことから始まっているわけですが、今はもうそこを議論している局面ではないのです。

内藤　ほんとうにそうですね。シリア難民の話題になると、アサド政権の是非がどうだとか、ＩＳがどうとかの議論になりますが、それを論じる前に現実を見て、困っている人が目の前に現れたら助けろ、という話ですね。

中田　そうなのです。

内藤　忘れてはならないのは、彼らにはヨーロッパを追われたらどこにも行き場所がないということです。そこで拒絶されたらほかに逃れられるかと言えば、経由してきたトルコはすでに難民の飽和状態、自国に戻れば命が危ないし、行き場がありませんね。

中田　そうです。先ほども触れましたが、たとえば日本から見ると、シリア人難民はサウジアラビアとかクウェートとか、お金がたくさんある同胞の国へなぜ向かわないのかと、不思議に思うかもしれません。中東諸国の多くは植民地から独立を果たしてつくられた国家ですが、独立を進めたエリートたちは、西洋の教育を受け、非イスラーム的領域国民国家システムの中で育った人たちです。ですからシリアのムスリムたちはそこへ行けないのです。富める同胞の国に行っても信仰生活の自由が得られないと分かっている。これはあまり語られていないし、日本にいるとほとんど見えない問題ですが、もはやイスラーム圏の中にもシリア難民が安心して逃げて行ける場所がない、ということが最大の問題です。だから、ここで我々日本人もヨーロッパ人も認識を改めないと、ほんとうに世界を激変させる深刻な問題になりますよね。

内藤　ここは大事なポイントです。ヨーロッパの人にしても、シリアから難民が大挙してやってきた時に、「宗教も文化も異なる西洋じゃなく、イスラーム諸国に逃げたほうが安心して暮らせるでしょう」と思うでしょうが、現実的にそういう国、場所がない。そこにつけ込んだのがISです。難民としてさまよわなくても、「ISにくれば、本来のイスラームとしての生活ができるユートピアがありますよ」と誘っている。

中田　そう、シリア難民問題自体はＩＳの戦略でも戦術でもなかったのですが、結果としてそうなってしまって、危険なのですね。

内藤　難民問題も結局はＩＳにいいように利用されてしまう恐れがある。すべてのムスリムがＩＳに呼応するわけもありませんが、ヨーロッパにすでにおよそ一〇〇万人のシリア人難民が入っていると考えるとどうでしょう。

中田　そのうちたった〇・一パーセントでもＩＳに煽動《せんどう》される人がでてくれば、ますますヨーロッパは危険になるわけですね。

内藤　先の章のフランスの事件のところでも言いましたが、現状のままでは難民の中からＩＳ以上に洗練されたテロリストがでてくる可能性もある。難民問題でよく「テロリストが流入する危険性がある」と言われ、パリの襲撃事件でも指摘されましたが、そんな短絡的なことだけじゃなく、このままだともっと巧妙な方法でヨーロッパを攻撃する人たちがでてくるかもしれない。

中田　そうですね。

内藤　難民問題に関しては、まず目の前にやってきた人たちをイスラームの流儀を踏まえて客として遇し、そのうえでヨーロッパのルールを説明してシリア内戦が落ち着くまで共存してい

2015年7月、ダマスカス。シリア政府軍によって樽爆弾を落とされた地域の子供たち

く道を探るということですね。もちろんイスラームの側にも、「郷に入ったら郷に従え」の言葉どおり、ヨーロッパのルールを知る努力はしてもらわなければならない。

中田　彼我の文化の違いを前提としながら共存していくということは、本来イスラームの人たちにはできるはずです。

＊1　ウエストファリア条約　一六四八年にドイツ西北部ウエストファリア地方のミュンスターとオスナブリュックで、ドイツ、フランス、スウェーデン等の諸国間で結ばれた三十年戦争の講和条約。近代的な国際条約の元祖と言われ、後の国民国家体制の形成に影響を与えた。

＊2　アフガニスタン紛争　一九七八年、クーデターで親ソ政権が誕生し、翌一九七九年ソ連軍が進駐してきた結果、起きた内戦。ソ連軍と戦うイスラーム戦士のムジャーヒディーンや義勇兵をアメリカは支援。サウジアラビアやエジプトから追放されたイスラーム主義者が集結し、アルカイダはこの時期に生まれたという。一九八九年にソ連軍が撤兵。

＊3　レジェプ・タイイプ・エルドアン　一九五四年生。トルコ大統領。公正発展党前党首。マルマラ大学経済経営学部卒業。一九九四年に当選したイスタンブール市長時代から、イスラーム主義に立脚する言動と政策で世俗主義勢力と幾度か衝突を繰り返している。親族の汚職疑惑などもあるが、スンナ派イスラーム世界においてカリスマ性を示している。

＊4　**アンゲラ・メルケル**　一九五四年生。ドイツ首相。生後間もなく東ドイツへ移住、ライプチヒ大学で物理を学ぶ。一九八九年ベルリンの壁崩壊前後から民主化運動に関わり、ドイツ統一後にキリスト教民主同盟に加わり政界入り。女性担当相、環境相を歴任し、二〇〇五年に初の女性、東ドイツ育ちの首相に。

＊5　**ピム・フォルタウィン**　一九四八年生〜二〇〇二年没。オランダの政治家、コラムニスト。同性愛者であることを公言し、イスラームや移民に対して挑発的な発言を繰り返す。ロッテルダムの市議会議員だったが発言が物議を醸し、二〇〇二年にはピム・フォルタウィン党を設立して国政に打って出ようとするが、選挙直前に動物愛護団体に所属する青年に射殺される。

＊6　**ヘルト・ウィルダース**　一九六三年生。オランダの政治家。自由民主国民党を経て、二〇〇六年に自由党を結党、初代党首となる。第二院議員。親イスラエル派としても知られる。

＊7　**マリーヌ・ル・ペン**　一九六八年生。フランスの政治家。ヨーロッパ議会議員。国民戦線創設者である初代党首ジャン＝マリー・ル・ペンの三女で、二〇一一年より同党の党首に。イスラームに対して嫌悪を隠さず、イスラーム過激主義との戦いを鼓吹。

＊8　**国民戦線**　Front National：略称ＦＮ。フランスの政党。反ＥＵ、移民排斥を標榜《ひょうぼう》している。二〇〇五年の移民による暴動以来支持を集めている。

＊9　**ウサマ・ビンラディン**　一九五七年頃生〜二〇一一年没。サウジアラビア出身。アフガニスタン紛争においてはアメリカ等の支援を受けソ連軍と戦う。湾岸戦争以降より反米に傾き、アルカイダの指導者として二〇〇一年のアメリカ同時多発テロ事件の指示を疑われる。二〇一一年に

潜伏先のパキスタンで米軍などの部隊により殺害された。

＊10　モッラー・ムハンマド・ウマル　一九六二年頃生～二〇一三年没。アフガニスタン・タリバンの創設者。元アフガニスタン・イスラーム首長国首長。死後二年あまりその死は秘匿されていたとされる。

＊11　トルコはシリアの難民問題に対しては緩衝国になっている　二〇一六年二月、シリア政府軍とロシア軍は北部の第二の都市アレッポとその近郊の反政府勢力に激しい攻撃を加えた。その結果一〇万人近い難民がトルコとの国境に殺到した。ついにトルコは国境を閉鎖した。ＥＵやアメリカは国境を開けて難民を通すよう、トルコ政府に要請したが、トルコ側は一方的に難民の受け入れを迫りながら、アサド政権とロシア軍による市民への攻撃に手をこまねいている欧米諸国に強く反発したのである。そして、シリア側に難民キャンプをつくり、トルコのＮＧＯが支援にあたっている。

第二章

新覇権主義時代の到来

2014年6月に建国を宣言したIS（イスラーム国）

ヨーロッパはローカルな一文明にすぎない

内藤　難民の奔流やシリア内戦に対して、すでにドイツやフランスといった国家単位では解決しようがないことは分かっているので、その中でＥＵがどう動くのか、注目していたのですが、ＥＵはほとんどなにもできない状態ですね。ＥＵという組織自体がレームダック（死に体）になってしまっている。イスラームのような邪魔なものはイスラーム圏に追い払おう、という姿勢です。「自由、民主主義、平等、法の支配、マイノリティに属する権利を含む人権の尊重」を掲げたＥＵの理念を、我々はポジティブに評価しようとしていたのですが、もはや、その理念が立ち行かないところまで来てしまったようです。

中田　私は、実態は寡頭制でしかない、いわゆる「間接民主主義」などまったく信じていませんし、これからヨーロッパがどう変わっていくのか今は読めませんが、やはりヨーロッパが覇権を握って一つにしようとする試みは失敗すると思います。その意味では悲観的な立場なのですが、このたびの難民問題を契機にして、ヨーロッパ側は世界がすでに多極化していることに気づけばいい。「自分たちはローカルな一文明にすぎない」ということを自覚すればいい、とも思うのです。

内藤　そのとおりですね。

中田　今後世界は、緩やかにもともとの文明圏に戻っていくと思います。一つの原理、共通項でまとめて共栄するのは不可能、というところから始めて、宗教も個々にユダヤ教ならユダヤ教、ヒンドゥー教ならヒンドゥー教、イスラームならイスラームに対してどうしていくか、一つひとつ手探りで探していくしかない。それをやらないといけないと私は思っています。要するに、ヨーロッパはヨーロッパ、イスラームはイスラーム、ロシアはロシア、インドはインド、中国は中国の文明圏へと徐々に戻って行く道を探るなかで、講和と共存がはかられればいいと。ただこれは、現在の国民国家の役人が進めていこうとしても無理だと思います。

内藤　無理ですね。ただ、それが進められる前に、もう一回世界的な戦争になりそうな懸念があります。つまり中田先生が言われたことを、戦争で疲れたあとにようやく人間は気づくのではないかと。第一次世界大戦、第二次世界大戦にしても、大国と遅れてきた大国との戦争だけでなく、西洋近代的な価値を後発国に敷衍《ふえん》し、服従させるために行われた面を否定できません。ところが、現在の大国は、もはや政治的イデロギーを掲げるのではなく、権益とメンツばかりを重んじている。たとえば中国を見れば顕著なように、共産主義国家としてのイデオロギーではなく、メンツを潰された場合どうなるかのほうがよほど大きなファクターとなって行動している。

中田　中国とロシアが急速に大国としての自信を取り戻し、覇権を追求し始めたことにより、この数年で世界はまさにチキンレースに入り込んでしまいました。本当に危機的な状況です。ISがその触媒になっているわけですが、ヨーロッパということを考えると「敵」としてのイスラームが出現したことで、ばらばらだった各国が一つにまとまる可能性はあると思います。

内藤　ありますね。イスラームを敵とする、ということにおいて、ヨーロッパは自らの存在意義を見出すことになる。

中田　誰が意図したことでも陰謀でもありませんが、恐らくそうなっていくと思います。

イスラーム史上「最悪の病理」ＩＳ

内藤　ＩＳについては日本にいると「残虐な集団」程度にしか報道されませんが、なぜイラクが崩壊したあとＩＳが誕生したのかを中田先生からご説明いただけますか。

中田　内藤先生が言われたように、ＩＳは、二〇〇三年にサッダーム・フセインのバアス党[*1]政権が倒れ、イラクが一度空中分解したあとに誕生しました。現在のイラクはイスラームの中では少数派のシーア派が権力を握った政権ですが、フセインのバアス党時代は政権内の中枢をスンナ派が占めていました。バアス党そのものは世俗主義で宗派にはこだわりは少なかったので初めのうちシーア派もかなりいたのですが、フセインがエスニックな出自としてはスンナ派で、しかも自らの故郷であるティクリート出身者しか信用しなかったこともあり、上層部はほぼ同郷のスンナ派人脈で固めたのです。

フセイン政権は大変な世俗主義であらゆる宗教運動を弾圧していたのですが、一九九一年に湾岸戦争が起こると、アメリカに対抗するため突然イスラーム主義を導入しました。この時期シーア派が反乱を起こすのですが、それを完全に排除する過程で、フセイン政権の中でスンナ派イスラーム主義のグループができていったのです。

イラクのクウェート侵攻をきっかけに起きた湾岸戦争は、イラクが大量破壊兵器の破棄を承諾して停戦となりましたが、「義務に違反した」との理由でイラク戦争を起こしてアメリカは再び空爆を開始し、イラクは空中分解しました。

バアス党の幹部たちはフセイン政権のナンバー2だったイッザト・イブラーヒームを中心に結束を固めます。彼らの敵は新しいシーア派政権だけではありませんでした。イラクの隣にはシーア派の中心となるイランが位置していますので、このグループはサラフィー・ジハーディの中でもシーア派を主要な敵と見なす、非常に特殊な組織になってしまったわけです。何度も死亡情報が流れたイブラーヒームはまだ生きているようですが（編集部注：二〇一五年四月に死亡したと報道された）、彼がバアス党とＩＳを仲介したと言われています。

内藤　サラフィーは、もともとイラクに多かったのですか？

中田　いえ、イラクはもともとカーディリー教団が強い地方でした。カーディリーはスーフィズム教団[*2]（タリーカ）の一派ですから、神秘主義的な影響が強く、サラフィーはそう多くありませんでした。またイラクのシーア派には、サラフィーに対する「悪の記憶」がとても強固に植えつけられています。というのは、一九世紀の初めに現在のサウジアラビアのサラフィーの前身のワッハーブ派がイラクに侵攻し、シーア派の聖地を蹂躙《じゅうりん》して大虐殺を行ったからです。

内藤　ワッハーブ派とサラフィーの関係というのは？

中田　基本的に今は、ワッハーブ派とサラフィーは、ほぼ同じ意味で使われています。ワッハーブ派は、一八世紀に中央アラビアで活躍したムハンマド・ブン・アブドゥルワッハーブという法学者がいてその名前からきています。少し説明すると、サラフィーは基本的に政治に関わらないのに対し、ワッハーブ派はサラフィーの中でサウジアラビアの王家をカリフというか支配者として認め、サウジアラビアだけが本当のイスラームの国だと言っている人たち。そして王権がサウジの王族にあることを認める代わりにワッハーブ派を広めるというのが政教盟約になっています。しかしワッハーブ派の人はそれが蔑称《べっしょう》であることもあり、自分たちをワッハーブ派と名乗っていませんので、次第にサラフィーという言い方に集約されていった。でも、中東世界から離れた報道を見ると、この辺の事情が分かっていませんので過激派の代名詞としてワッハーブ派を使っているケースが目立ちます。

内藤　なるほど。ＩＳが建国を宣言したのは二〇一四年六月でしたが、イラク崩壊からそこまでの経緯は？

中田　初めＩＳはアルカイダの一部でした。アルカイダ自体、地元に前からいたグループをフランチャイズ化していく組織で、彼らはヨルダンから入っています。ヨルダン、シリア、イラクは部族でつながっているのですが、知られている人物だとアブー・ムスアブ・ザルカウィー[*3]がいます。そういう人たちがシーア派の台頭に対して危機感を煽《あお》るような形でき上がったのがＩＳです。その頃、フセイン政権のあとにできたシーア派のマリキ政権が極めてひどい政治をしていたのでシリア側からモスルの町に攻めて行ったら、あっという間にモスルはＩＳの手に落ちてしまった。

内藤　あれはイラク軍がよほど弱かったからですか？　それともモスルの人たちはＩＳに服属するのも仕方ない、と思ったのでしょうか？

中田　後者の意味がもちろんあったわけです。当時、アメリカがマリキ政権を助けていて、スンナ派住民が殺され家を追われ職を失いひどいことになっていた。ともかく西欧諸国は「敵の敵」であれば、どんなに腐敗している組織でも助けますね。問題を押さえるためには、「敵の敵」であっても、まず、ろくでもない人間を選ばないという、それがいちばん大切なことなのですね。ところが実際は……。

内藤　一番ろくでもないやつを選んできた。

中田　たいていそうなっているのですね。だから、まともな人材を探すとイスラーム主義者しか残らないのに、イスラームが嫌いだからというだけの理由で排除してしまう。論理的に正しく正直で、周りから受け入れられている人間を選ぶべきだという当たり前の話なのですけども、穏健な人間でも追い出してしまう。

内藤　すり寄ってくる人間に権力や資金を与えてしまう。敵の敵は味方、じゃない。後でトルコの話題でもまた話しますが、アメリカはつくづく余計なことをしては、ほかの国をひっかき回す。日本では二〇〇三年のアメリカのイラク攻撃について、「大量破壊兵器を保有している」という開戦の理由が嘘だった点に注目が集まりがちですが、このイラク戦争がＩＳ誕生の原因にもなっているのですね。

中田　明らかにそうです。

内藤　しかも、攻撃すればイラクという脆弱な国民国家が空中分解することが分かっていながら、アメリカは開戦してしまった。

中田　ええ、どの立場の専門家もそれを指摘していたのに、耳を貸さず当時のブッシュ政権はイラク攻撃に踏み出しましたね。逆に言えば、それがビンラディンの罠《わな》だった。イラク崩壊はアルカイダの望みでしたから、アメリカはみごとに罠にはまったのです。

ISとアルカイダの決定的な違い

内藤　ときどきニュースでアメーバ状に広がっていくISの支配地域図が示されますが、あれは誤解を招きますね。地図上でIS支配地とされている地域の中には、シリアのユーフラテス川沿い地帯など水が得られるところだけで、沙漠に近づくと人が住んでいないところも多い。実際にはもとから人が住んでいた集落がないとISも住めません。ほとんど「点」でしか存在しないのですが、べたっと「面」で描くと過剰に大きく見えてしまいます。

中田　そうですね。IS側が初めに近未来のIS支配地域を示した地図はバルカン半島や、最西端のスペインまでヨーロッパの地域を含むものでしたので、それが西欧人をいたく刺激しました。しかし今は、内藤先生が言われるように有志連合側がそのテリトリーを大きく見せているので、誤解を招きますし、ＩＳへの恐怖や憎悪を募らせることにつながっています。

内藤　ただ、有志連合側の空爆に今はロシアも加わり、ＩＳばかりかシリアの反政府グループも叩き続けていると、ＩＳと反政府組織が共闘する可能性もでてきませんか？

中田　可能性はあります。現にアルカイダ系でもともとＩＳの仲間だったヌスラ戦線[*4]は一部の地域ではＩＳと共闘していますし、一時距離を置いていたアルカイダもＩＳに共闘を呼びかけています。ビンラディンの死後アルカイダの指導者になったアイマン・ザワヒリ[*5]が呼びかけたのですが、これはむしろ逆効果でした。そもそもザワヒリには影響力もありませんが、彼が言う「外の敵と戦うために内の敵と仲良くしよう」はムスリム同胞団のイデオロギーで、ＩＳが非常に嫌うものだからです。

先に述べたように、ＩＳは身内の中にいる背教者と戦うことを優先しています。一方アルカイダは、イスラームの地を侵略してくる異教徒と戦うことを第一義としているのです。アメリカを標的にしたのも、サウジアラビアにアメリカ軍が介入してきたという理由でした。サウジアラビアはイスラームの聖地マッカ[*6]（メッカ）を有する特殊な国で、『ハディース』にも記されているように、異教徒を決して入れてはならない。アメリカ軍のサウジアラビア駐留は必ずしも異教徒による占領と言えるものではありませんでしたが、「サウジアラビアに入った」というだけでアメリカ軍の追い出しにかかった。

結局アメリカ軍はサウジアラビアから撤退したわけですから、アルカイダは勝利したわけです。実際はサウジアラビアも世俗主義にまみれていますが、ビンラディンはそれほど理論家ではありませんので、サウジアラビアを背教者として正面から戦うことはしませんでした。内なる敵と戦うＩＳと外の敵と戦うアルカイダでは、イデオロギーが異なるのです。

内藤　ムスリム同胞団についても少し説明をお願いします。

中田　あまり理論はなく、「ムスリムであればすべて同胞である」がムスリム同胞団の基本原理です。ムスリム同胞団はアラブ人だけの組織ですが、その代わりさまざまな民族集団に兄弟組織をもって連帯しています。たとえば、インドのジャマティ・イスラミ（イスラーム協会）[*7]、インドネシアのパルタイ・クアディラン・スジャフタラ（公正繁栄党）[*8]、マレーシアだとＰＡＳ（全マレーシア・イスラーム党）[*9]という具合に世界規模でネットワークを張っている。後でまた話題にでると思いますが、トルコのエルドアン大統領が率いるＡＫＰ（公正発展党）[*10]もムスリム同胞団的な考え方の影響を受けていますし、「ムスリムはすべて同胞」ですから、アルカイダのようなサラフィー・ジハーディも受け入れるわけです。

中央アジアにおけるISの影響

内藤　ISの勢力圏に戻りますと、最近「中央アジアに対するISの影響」ということが盛んに言われていますが、実際はどうなのですか？

中田　中央アジアには、サラフィーの影響はもともとありました。多くの地域でイスラーム化が進められ、その過程でサラフィーが多くなってきたわけですけれども、それがISに替わっただけの話です。

内藤　つまり、最近ISが中央アジアに飛び火したわけではない。

中田　ええ、もとからIS的な勢力があった。

内藤　確かにキルギスは南のオシュとか、フェルガナ盆地、ジャララバードに、ありとあらゆるイスラーム主義勢力が点在していました。もともとキルギス中央政府の支配権が及んでいなかった地域に点在していた組織がISに同調して自分たちもそう名乗り始めた。

中田　はい。在来勢力がISの名のもとに求心力をもち、自分たちが逃げていく拠《よ》り所《どころ》を得たということです。もともとISとはそういう勢力の集まりでもあります。ですからほんとうは名称などなんでもよかったわけです。

内藤　そう考えると、「イスラーム国＝ＩＳ」とは、普遍性をもった使いやすい名前にしてくれたということになりますね。

中田　まったくそのとおりですよね。中央アジアでもＩＳの名前が聞かれるようになった今、この問題は欧米諸国とイスラームという構図ではなくなっています。ロシアの空爆は日本でも大きく報道されましたが、実は中国も非常に警戒心を強めて動き出しているのです。

内藤　新疆《しんきょう》ウイグル問題*11で中国がトルコとぎくしゃくしているのもその一環ですね。このあたりも日本にいると分かりにくいところですので、少し詳しくロシアと中国をめぐる動きを見ていきましょう。

シリア空爆に踏み切ったロシアの狙い

内藤　ロシアは二〇一五年の九月にシリア空爆を開始しましたが、この本格参戦を中田先生はどう見ておられますか？

中田　私はロシアについてあまり知りませんので詳しいことは分かりませんが、背景に先ほどの中央アジアの問題があることは確かでしょうし、内藤先生がいつも言われているとおりシリアはもともとロシアとつながりの深い場所でもありますから、それを守る意味もあると思います。もう一つは基地問題。ロシアはシリア内に基地をもっていますので、それを死守することも参戦の動機ではないでしょうか。

内藤　シリアの港湾都市タルトゥースにあるロシア軍の海軍基地とラタキアの空軍基地、特に海軍基地がないと地中海へ出るために、衆人環視の中、黒海からボスポラス海峡を抜けなくてはならない。そういう意味で非常に重要です。しかしそれだけではなく、ロシアはより広い地域覇権も目論《もくろ》んでいると思います。

中田　ロシアは今、確実に覇権主義、拡大主義を進めていますね。ロシア正教もこれは聖戦だと見なしていますから。

内藤　現在のところ経済は厳しい状況にありますが、ソ連崩壊後の深刻な経済危機を建て直したことで自信を得たでしょうし、アメリカが衰退していることもあって再び覇を競おうとしていますね。ところで、ロシアとアサド政権は軍事的関係を除けばさして親密になる理由はないですよね。

中田　友好国ではありますが、そう親しい関係ではなさそうです。

内藤　プーチンもアサドもお互いシンパシーなどもっていませんね。ロシアの空爆参戦まで、二人が顔を合わせたのはたったの三回だそうですから。この両国、どうも計算のうえでつき合

シリア地図

トルコ
ガズィアンテプ
キリス
コバニ
（アイン・アル＝アラブ）
ハサカ
アンタキヤ
アレッポ
シンジャル
ラッカ
ラタキア空軍基地
デリゾール
地中海
ハマ
タルトゥース
海軍基地
ホムス
シリア
レバノン
ベイルート
ダマスカス
イラク
イスラエル
ヨルダン
サウジアラビア

っているように見えます。昔なら「基地の権益を維持したいならうちを守れよ」と高飛車な態度も取れたでしょうが、劣勢に陥ったアサド政権は、ついにロシアに救援を求めたのでしょう。ロシア軍は最初の空爆でいきなり反体制派に大きなダメージを与えましたから、今度は「誰のおかげで形勢を逆転できたか分かったな」という態度でアサド政権に接しているようにも見えます。主客が逆転したかもしれません。

その後二〇一五年の一〇月、アサドはモスクワ入りしてプーチンと会見しましたが、プーチンがアサドを呼びつけたような構図でしたね。プーチンは事前に有志連合参加国にも話を通していたようです。アサドのモスクワ訪問が公表される前日、トルコ外務省から「アサド大統領退陣への猶予は六カ月」という情報が流されました。その時にはアサド大統領がプーチン大統領と会見したことは明らかにされていませんでしたから、私にはなんのことだか分かりませんでした。翌日、モスクワがこれを発表したので、ロシア政府が関係国にアサド政権の将来について、何らかのロードマップを示したのではないかと思いました。

中田　なるほど。

内藤　アサドのモスクワ入りに関してはネットに飛行ルートがでていましたが、シリアからイラク上空を抜け、カスピ海を経由してモスクワに入っている。イラクが領空通過を認めたとい

2015年10月21日、モスクワで行われたバッシャール・アサドとプーチンの会談

うことは、アメリカではなく、ロシアに接近していることを示すものでしたね。イランはもとよりアサド政権支持ですから、イラク、シリア、とシーア派のイランの影響力が増し、ロシアもそのバックについたように見えます。

中田　そうなのです、そういうことですよね。

内藤　ロシアがシーア派に好意をもつとも思えませんが、そういうところはしっかり利用する。ロシアの当面の目的は基地の死守だったわけですが、そのまま一気呵成《いっきかせい》に反政府勢力を抑えようとしている。実は、一瞬思ったのですが、そこでアサドに引導を渡してシリア内戦の終結と難民流出が止まっていれば、プーチンは世界的ヒーローになれましたね。悪い冗談ですが、ノーベル平和賞も夢じゃなかった。

中田　あれだけ人を殺しているプーチンがノーベル平和賞……。でもほんとうにそうですね。

内藤　しかし結局はアサドとの会見後、アメリカ、トルコ、サウジアラビアという反アサド側の外相を招いて行った四カ国外相会議は決裂し、ロシアは次にイランを入れましたね。これは失策だったと思います。なにがいけないかと言えば、シリア問題とは距離を置いていたイスラエルを刺激することになって、事態をより複雑化、深刻化することになりかねません。

中田　そのとおりですね。

覇権主義を打ち出し始めたイランと中東世界

内藤　ロシアと組んだイランにとって、一つの目的はシリアのアラウィー派[*12]を全部シーア派に取り込むことなのでしょうか？　アラウィー派はシーア派の系統で数は少ないのですが、アサド大統領がアラウィー派の出身で現政権でもアラウィー派が多数含まれています。

中田　そうですね。しかしイランはアラウィー派に興味がないというかほとんど眼中になく、もうすでに十二イマーム派に取り込んだつもりでいると思います。実際、アサドなどはスンナ派にまじって金曜集合礼拝にも参加しているぐらいですから。もはや宗教としてのアラウィー派には意味ある実体はほとんど残っていないと思います。

内藤　ということは、イランからイラク、シリア、レバノンのヒズブッラーまで、いわばシーア派ベルト地帯ができていきますね。イスラエルはそれを嫌がるでしょうね。イランの核合意にもっとも神経をとがらせているのはイスラエルですし、そのイランの勢力圏が目の前に迫ってくるのですから。

中田　ええ、そうなのです。イラン側はやはりアメリカを敵視しているのでロシアと組み、そこに中国も絡めてユーラシアを支配しようとしている。イランはここ数年で革命の世界輸出を夢想したイラン革命当初よりはるかに成熟した洗練された世界戦略を取り始めたと思います。もちろん、現在の熱い戦争の主戦場は、サウジアラビアを上下から取り囲むシリア、イラクとイエメンですが、もはや射程はそれにとどまりません。

内藤　アメリカとの核合意に関して、イランは「アメリカに勝った」と思っていますし、国民はともかく、政権としてはアメリカを敵視するのをやめたわけではないですからロシアと組んでも不自然ではないですね。

中田　はい。それにイランはアフガニスタンにも強い影響力をもっていて、文化的には完全に牛耳っています。アフガニスタンの教育省はイランの影響でシーア派のハザラ人が実権を握っていますし、テレビやラジオはイランがスポンサーになったペルシャ語の放送が溢れています。私がカブールにいた時も、アフガン人たちの間でもテヘランなまりのペルシャ語が飛び交っていました。

孤立を深めるイスラエル

内藤　イスラエルとシリアの関係も変化しますね。シリアは現大統領の父親のアサド政権時代から四〇年にわたって、「シオニズムに反対する」と言い続けてきました。アメリカ帝国主義に連なるイスラエルを打倒するのだと。実際、イスラエルが南部レバノンに侵攻した一九八二年にはシリアがレバノンのために軍を送りましたが、古い武器の在庫一掃程度のものでした。その後も何度かイスラエルの核関連施設と疑われた建物などに軽い攻撃を加えていましたが、実は、第四次中東戦争以降は正面から衝突していません。イスラエルから見ても、シリアは敵ですが、実はもっとも安心できる敵、つまり攻撃してこないという確信をもっていました。

中田　イスラエルはシリアのダマスカスを何度か空爆していますが、スンナ派の人たちは「あれは芝居」と言っています。つまり、決して仲が良いわけではありませんが、イスラエルとシリアには決定的に叩き合わないという暗黙の了解があってパワーバランスを保っている。

しかし、今回はそう悠長に構えていられないかもしれません。一九九〇年にはシーア派のイエメンができたことで隣国のサウジアラビアが不安定な状態に陥っています。エジプトも今の軍事政権はイスラエルにとって好ましい政権ですが、軍を率いているシーシー[*13]の正当性が揺らぎ、体制の存続が危うい。イスラエルにとっては目の前にシーア派ベルト、裏庭のサウジアラビアもエジプトもどこまでもちこたえるか心もとない。

内藤　もしイスラエルが本気でダマスカスを空爆すれば、あの町は一気に消滅してしまいます。あの地域は年間降水量が一五〇ミリほどで、レバノン山脈から引いた水をダマスカスの背後にあるカシオン山の巨大地下貯水場に集めることで水を確保している。一度その貯水場を見学させてもらったことがありますが、周囲に対空砲の陣地があって厳重に警戒している。水が命綱なのです。貯水場の人に聞いた話では、イスラエルもその場所を把握していると。ですから本気になった時は、ここをピンポイントで叩けば良いわけです。

中田 大量破壊兵器を用いるまでもない。

内藤 はい。

中田 ヨーロッパはもうイスラエルを見捨てる方向に舵をきっています。ネタニヤフ首相が二〇一五年の一〇月に正気とは思えない発言をしましたね。

内藤 「ドイツのホロコーストを示唆したのはパレスチナのイマームだから、ヒットラーは悪い人間ではない」。あれには驚きました。イスラエルの法律に照らせば「アンチセミティズム(反ユダヤ主義)」で訴えられるような発言を首相自らがしてしまった。

中田 イスラエルの女性法務大臣アイレットは、「パレスチナ人の母親は皆殺しにすべき」という発言をしていました。彼女の本音でしょうが、世界中で今こうした露骨なレイシズム発言が目立ち始めています。

内藤 地球規模で先祖がえりしているかのように不寛容な自国中心主義に傾斜している。レイシズムを基盤とした帝国主義ですね。自分たちと違う者は根こそぎ消してしまえという。

中田　ええ。すでに、国家を代表する人間が公の場で露骨なレイシズム発言をしても問題視されない世界になりつつある。恐ろしいことです。

民族、宗教対立に民主主義は無力

内藤　今一度プーチンとアサドに話を戻すと、私が気になるのはシリアの未来に対するプーチンの発言です。アサドが退陣したあとの国は「シリア国民の手に委ねる」と言っていましたね。もしこれがほんとうに実行されたら悲劇的なことになりそうです。国民の数で言えばスンナ派のほうが多いので、求心力のある人物がスンナ派の強力な政治組織を結成すれば、シリアはスンナ派の国になってしまいます。

中田　そうなったらアラウィー派の人たちが皆殺しにされかねません。

内藤　かなりその危険があると思います。アラウィー派の人々は今のアサドの父親であるハーフィズ・アサド[*14]前大統領が無血クーデターでシリアを掌握した一九七〇年までは、差別的に扱われていました。アサド政権が成立してから立場が逆転していきました。

代わりに抑圧される立場になったのは、それまでアラウィー派を迫害していたスンナ派の人たちです。以来現在までこの力関係は続いていますが、スンナ派はハーフィズ・アサド大統領時代の一九八二年に「ハマの大虐殺[*15]」と呼ばれる焦土作戦で多数の死者をだしたこともあって、アラウィー派に対する憎悪を募らせています。そういうわけで、次にスンナ派の政権ができればまた立場が逆転し、報復劇が繰り返されることは必至です。

中田　まるでアメリカが介入したあとのイラクを見るようですね。

内藤　まったくです。アメリカはイラク、リビアを崩壊させ、悪魔扱いしていたサッダーム・フセインとカダフィを排除し二人とも殺されましたが、その結果両国は混乱をきたすだけでした。アメリカの行動は場当たり的で、「その後」が描けていないのですね。そもそもイスラームの平和構築にどう貢献ができるかについての理解がまったくありません。アメリカについてはまた後でも述べますが、これまでの中東秩序を振り返ると地域的な安定性に関しては独裁者的な存在は必要悪という側面もありました。これを理解せず、無理やり民主化しても国が良くなるわけではないのです。

中田　多数派の支配である民主主義は原理的に民族問題には無力です。

内藤　私はもちろん民主主義を否定するわけではないのですが、シリアの場合は内戦終結と民主化をかみ合わせた場合、大惨事になると思います。

中田　真の意味での民主化はできませんね。多分プーチンは、アサドを一度退場させたあと、形だけの民主的選挙を実施し、九〇パーセントの投票率で再び「アサド当選万歳！」で幕引きすることを考えているのだと思います。

内藤　そうなった場合、今のような「恐怖で統治する」システムは多少変えられますか？

中田　いや、変わらないですよ。

内藤　そうですよね。もしそうなら一種のギャランター・ステート（保障国）方式にして、保障国がすべてを監視する道ぐらいしかシリア再建の方法はないでしょう。この方式、キプロスが独立する時に、旧宗主国のイギリス、それにギリシャとトルコが保障国としてキプロス問題について特別な地位をもつことを決めたチューリッヒ・ロンドン協定（一九五九年）で使われました。もっとも、その後、トルコ系住民とギリシャ系住民の衝突が激化して、結局、トルコ軍が介入してキプロスは分断されたままになっていますが、それでも過去四〇年以上、犠牲者をださずにすんできたことを思うと、良くはないけれど、紛争地域の統治としては考えられると思います。

シリアの将来についてのほかの選択肢は考えられますか？

中田　あるいはアラウィー派全員が移民して、ヨーロッパとアメリカとイランに受け入れてもらう。少なくともレバノンまで行ってもらう。それぐらいしか策はないかもしれません。

シリア内戦終結を困難にする新興覇権主義の問題

中田　日本ではほとんど語られていませんが、ロシアの参戦で上海協力機構[*16]が今極めて重要になっています。ここに中国が絡んでいるわけです。上海協力機構の加盟国は、ロシアと旧ソ連圏のカザフスタン、キルギス、タジキスタン、ウズベキスタン、そして中国。お互い国境地域の兵力を削減して協力し合うための機構、と表面上は見えますが、裏には「中央アジアのイスラーム化を抑える」という異なる側面もあります。中国の新疆ウイグル自治区からトルコにつながるスンナ派テュルク（トルコ）系民族ベルトがありますので、ロシアと中国は旧ソ連の息がかかった世俗主義的な反イスラームの国々と組んでそれを抑えたい。

内藤　そうですね。トルコではウイグル人への同情から反中感情が高まりました。

中田　実はトルコと中国は一五〇〇年も前から戦っています。かつて中華帝国と争った突厥《とっけつ》[*17]といった勢力はテュルク系です。上海協力機構は中国が主導しているのですが、中国側にとっては「テュルク系民族を抑える」ための仕組みでもあるわけです。

内藤　トルコの民族主義者たち、言い換えると極右勢力は、自分たちの祖先の地を空想的ではありますが中央アジアに求めています。この極右の人たちが、ウイグルからトルコまでを自分たちの民族のベルト、トルコルートであると主張していますが、そのトルコベルトは実質的にスンナ派ルートでもあるわけですね。

中田　はい。ですからスンナ派の人たちが「ロシアはシーア派と組んでいる」と言っていますが、そうではありません。むしろロシアもシーア派もお互いを嫌っています。しかしシーア派のイランはこのトルコベルトのスンナ派イスラーム主義の伸張を恐れているので、双方で利用し合っているだけなのです。ロシアと中国は新興覇権主義国家でもありますから、その二国とイラン、そしてアメリカ、ヨーロッパが三《み》つ巴《どもえ》になって互いに利用し合っている。そこにイスラーム世界が加わって、世界は非常に多極化しています。というよりもはやチキンレース化していますので、いつどこで衝突が起きてもおかしくありません。

ロシア機を撃墜したトルコの本心

内藤　ロシアがシリア空爆を始めてからおよそ二カ月後の二〇一五年一一月二四日には、トルコ軍がロシア機を撃墜しました。トルコ側はロシア機が領空侵犯する前に警告を発したとしていますが、ロシア機は以前からトルコの領空に入っていましたから、あの撃墜は覚悟の一撃です。シリア北西部には、言語・文化的にトルコ人に近いトゥルクメン人が住んでいますが、ロシアは彼らも空爆していた。前にも述べたようにトルコにはすでに二六〇万人前後のシリア難民が滞留し、ヨーロッパ側は「もうヨーロッパには入れず、トルコ内に収めてくれ」と言っている。それに対する抗議の意味も、あのロシア機撃墜にはあったと思います。

中田　そうですね。

内藤　もう一つ、トルコは国内にいるクルド人が蜂起することを非常に恐れています。トルコにはPKKというクルド人の政党があり、シリアにはPYD（クルド民主統一党）がありますが、両者は兄弟です。ロシアもアメリカもISを叩くためにシリアのPYDを支援している。具体的には武器をPYDに渡しているのですが、それがPYDからPKKに流れるとトルコ国内でのテロに使われる。PKKはアメリカでもEUでもテロ組織に指定されています。

大国が、好き勝手にトルコの安全保障を脅かすことに苛立《いらだ》ちを覚えていた、ということもロシア機撃墜の要因になったと思います。ただし、トルコ軍はあくまで専守防衛を大原則として動きますから、それ以上の挑発はしないはずです。

中田　ロシアのプーチンもトルコのエルドアン大統領も「売られたケンカは買う」タイプですから撃墜直後はプーチンが「テロリストに後ろから刺された」と発言するなど緊張が非常に高

まりました。

内藤　まるでツァーリ[*18]とスルタン[*19]のケンカですね。トルコは天然ガスの五〇パーセント以上をロシアから輸入していますし、トルコにとって初めて建設するアックユ原発もロシアに委ねているので関係悪化がエスカレートするとトルコにとっても大きな打撃です。

中田　ロシア側にはイランもついていますので、危険な状態ですね。

場当たり的なアメリカの中東介入

内藤　先ほども触れましたが、トルコは対クルド人問題では、アメリカにも相当苛立ちを見せています。アメリカはシリアに対しては基本的に空爆するだけでISを潰せると思い、すでに八〇〇回以上爆撃を行っていますが、一向に目ぼしい効果はありません。オバマ大統領やケリー国務長官はISを癌《がん》細胞に例えていましたが、むやみにメスを入れると癌細胞は散らばって、他の部位に癌を広げるだけなのです。イラクでの失敗に懲りず、また同じことを繰り返しているわけですが、一方地上での攻撃はクルド人に武器を与えて「汚れ仕事」をさせている。

実はアメリカはイラク戦争でも同じことをしていました。フセイン政権を倒すため、イラクにいるクルド組織に大量の武器を提供した。イラクのクルド組織はラディカルな共産主義のP

KKと違って部族主義ですから、性格は違います。しかし、イラク戦争後、イラクのクルド組織はPKKに武器や爆薬を横流しし、PKKはそれを使ってトルコ国内でテロを起こした。PKKの使用した爆薬がアメリカ製であることを突きとめたトルコ側はアメリカを強く非難し、アメリカ側も理解したはずなのですが、結局今回も同じことをしている。しかも今回武器供与しているシリアのPYDはPKKとは言わば一体の組織です。これではトルコ側がアメリカに苛立つのも無理はありません。

中田　トルコとクルドの問題はふだん日本ではまったく見えませんが、二〇一五年一〇月二五日、トルコの総選挙の在外投票が行われていた東京のトルコ大使館前ではからずも両者数百人が乱闘し、ニュースで取り上げられましたね。トルコ人は極端な民族主義で、クルド人を迫害しているという構図で報じられていた。

内藤　いや、そんな単純な構造ではありません。二〇一五年の七月末以来、トルコ軍とPKKは激しく戦っています。七月二〇日にクルド地域のスルチで起きた自爆テロの後、政府に対してPKK側が攻撃したことによります。トルコ内務省は、テロをISによるものと断定したのですが、PKKはISではなくトルコ軍や政府の機関を相次いで襲撃したので、トルコ軍も警察もPKKを殲滅する勢いで攻撃しています。元はと言えば、アメリカなどがシリアでISと戦っているPYDを支援し、PYDに共振するようにPKKがトルコ国内で暴力にでたことが原因です。しかしそれがヨーロッパでは「気の毒なクルド人がようやく独立を果たそうとしているのに、ファシストのトルコが邪魔をしている」という何十年も前から変わらない姿勢で報道されてしまう。クルド人が独立国家をもてなかったことは、もちろん、ひどい話ですが、それで既存の国家の領域をつくりかえるとなると、さらに膨大な犠牲をだすことになります。トルコでは、二〇一三年以来、トルコ政府とPKKとの和解交渉が始まっていて、長年にわたる衝突の歴史を止めようとしていた。その矢先に、シリア内戦とISの台頭に翻弄《ほんろう》されることになったのです。

中田　実際には、近年トルコではクルド人の扱いが非常に改善されていましたよね。

内藤　九〇年代と比べても劇的に改善されました。以前はクルド人という名称さえ使わず「山のトルコ人」という呼び方をしていましたが、エルバカン[*20]政権時代に改善の兆しが芽生え、現在のエルドアン政権下ではトルコ国営放送がクルド語放送も行っています。エルドアンは汚職疑惑やジャーナリストへの抑圧などマイナス面もありますが、民族紛争というものが、ヨーロッパから持ち込まれた「民族」や「国民」の意識に端を発することを見抜いていました。PKKとの和解交渉を始めた当時、「ヨーロッパが押しつけた『民族』で争うなんてばかげている。

我々はムスリムの兄弟じゃないか」と盛んに言っていました。

中田　ええ、おっしゃるとおりエルドアンはリアル・ポリティクスの政治家としては問題がたくさんありますが、イスラーム主義者としては大変な逸材なのです。西欧の理念ではとうてい解決できない中東の問題をイスラームの法や理念で講和に結び付けるには、エルドアンのトルコの役割が重要であると私は考えています。これは後でも触れますが、そもそも「アラブの春」がうまくいっていたら、エルドアン自身、スルタンかカリフになってイスラーム世界をまとめるつもりでいたはずなのですけどね。

＊1　バアス党　バアスは復興の意。第二次大戦後、アラブ諸国に誕生したアラブ民族主義を掲げる政党。アラブ社会主義復興党。シリア、イラクの党は対立しながらも両国で政権を握った。

＊2　スーフィズム　スーフィーは「イスラームの神秘主義者」で、その教えがスーフィズムと称される。神との特別な関係を求めて修行するスーフィーの教えは、神と人間の仲介者となるものであり、神の超越性を損なうのではないか、という嫌疑がつきまとっている。

＊3　アブー・ムスアブ・ザルカウィー　一九六六年生〜二〇〇六年没。ヨルダン生まれのイスラーム主義活動家。イラク国内外でテロ活動を行うが米軍の空爆で死亡。

＊4　ヌスラ戦線　イラクのイスラーム国が、シリアの内戦状況につけこんでジャウラーニーを指導者にシリアで結成させたフロント組織。二〇一三年四月にイラク・イスラーム国が、シリアにおいて一定の勢力を獲得したことから、ヌスラ戦線を合併し「イラクとシャームのイスラーム国」と改称することを宣言したが、ジャウラーニーはアルカイダのザワヒリに忠誠を誓い、ヌスラ戦線の合併を拒否した。外国人義勇兵の多くがイラクとシャームのイスラーム国（ISの前身、ISIS）に合流したため、それ以降、ヌスラ戦線は、シリア色を強めている。

＊5　アイマン・ザワヒリ　一九五一年生。アルカイダ指導者。エジプトのジハード団から離脱し、アフガニスタンでの対ソ紛争でアルカイダに合流。

＊6　マッカ（メッカ）　イスラーム第一の聖地。マスジド・ハラーム、カーバ神殿を有し、世界で一六億のムスリムが毎日この町の方向（キブラ）に向かって礼拝をし、巡礼月にはおよそ二五〇万人の巡礼者が訪れる。

＊7　ジャマティ・イスラミ（イスラーム協会）　イスラーム国家樹立を目的に、一九四一年、アブー・アラー・マウドゥーディ（一九七九年没）によってラホールで設立された。議会制民主主義の枠組みでの政治のイスラーム化を目指し、政党も有するが、知識人を中心とするエリート主義組織であるため、得票率は低い。イギリスからのインド、パキスタンの独立後は、組織的には、パキスタン、インド、バングラデシュに分裂するが、密接に連携している。またインド亜大陸からの移民を中心に世界各地でイスラームの啓蒙活動を活発に行っている。

＊8　パルタイ・クアディラン・スジャフタラ（公正繁栄党）　一九九八年、ヌールムハンマデ

イ・イスマイルらアラブ諸国に留学しムスリム同胞団の影響を受けたイスラーム学者らによってパルタイ・クアディラン（公正党）として設立され、二〇〇二年にパルタイ・クアディラン・スジャフタラと改称。イスラームの価値観に基づいた社会正義の実現、政治的腐敗との戦い、汚職の撲滅を訴えて、都市部の若者の支持を集め、二〇〇四年の総選挙では七・三パーセントの得票率で五五〇議席中四五議席を獲得し、同党のヒダヤト・ヌル・ワヒドは人民協議会の議長に選ばれた。

＊9　PAS（全マレーシア・イスラーム党）　PASは一九五一年、イスラーム国家樹立を目指して与党UMNO（統一マレー国民組織）から離反した、海外留学帰りのイスラーム学者を中心に設立された。イスラーム学者による党の指導を綱領に掲げ、マレー人が絶対多数を占めるクランタン、トレンガヌ、クダ州などで強い影響力を有し、マレーシアの野党の中核をなしている。

＊10　AKP（公正発展党）　世俗主義の国是に反するとして一九九七年に福祉党が解党させられ、二〇〇一年にはその後継党である美徳党が解党させられると、美徳党党首レジェイ・クタンは至福党を創立した。その流れを受けて、前イスタンブール市長のレジェプ・タイイプ・エルドアンらが興した政党がAKP（Adalet ve Kalkınma Partisi）である。二〇〇二年の選挙では単独与党となったにもかかわらず、被選挙権を剝奪されていた党首エルドアンは議員になれなかったが、被選挙権を回復し補欠選挙で当選した二〇〇三年に首相に就任した。二〇一四年にエルドアンが大統領になり党籍を離れると、外務大臣のアフメト・ダウトオウルが後任の党首に就任した。

＊11　新疆ウイグル問題　ウイグル族をはじめテュルク（トルコ）系民族を多くかかえる新疆ウイ

グル自治区で近年、中国政府の弾圧と同化政策に対する反体制運動が激化している。住民の多くはムスリムである。

＊12　アラウィー派　シーア派のイスマイル派から派生したとも考えられる一派。神が人間の姿になって顕現することがあるなど独特の教義をもつ。シリア、レバノン、トルコ南西部沿岸などに信者が多く、シリアでは、人口の約一割を占め、政府、軍の高級将校にアラウィー派の占める割合が大きいとされる。アサド大統領をはじめ、バアス党幹部に信徒が多い。

＊13　アブドゥルファッターフ・アッ・シーシー　一九五四年生。エジプト大統領。軍軍事情報庁長官、軍最高評議会議長、国防大臣などを歴任。二〇一四年、ムルシー政権を軍事クーデターで倒し、二〇一四年、選挙を経て大統領に。

＊14　ハーフィズ・アル・アサド　一九三〇年生〜二〇〇〇年没。シリア前大統領。現大統領バッシャールの父。空軍に在籍し、バアス党の運動に関わり、バアス党政権樹立後は国防相、空軍司令官を務めた。一九七〇年にクーデターで全権を握り二〇〇〇年に死去するまで独裁を行った。

＊15　ハマの大虐殺　一九八二年、ハーフィズ・アル・アサドの命令によってハマの町で遂行された、ムスリム同胞団をはじめとするスンナ派に対するシリア政府軍による大規模な弾圧事件。数万人が殺されたとされるが、実数はいまだに不明。

＊16　上海協力機構　ロシア、中国、カザフスタン、キルギス、タジキスタン、ウズベキスタンの六カ国の協力機構。二〇〇一年、上海で発足。経済から軍事・安全保障も含む多岐にわたる分野での国家間協力関係の構築を目的としている。モンゴル、アフガニスタン、イランなどもオブザ

ーバーとして参加。

＊17　突厥　六世紀の中頃から二〇〇年間、モンゴル高原を中心に活動したテュルク系の民族。隋や唐などを北方から脅かした。同じくテュルク系のウイグルに滅ぼされる。

＊18　ツァーリ　「皇帝」を意味する。一五世紀からロシア革命までのロシアの君主を指す称号。

＊19　スルタン　カリフによって政治的支配者へ与えられる称号。アッバース朝から使用例があるが、一一世紀のセルジューク朝以降、イスラーム世界における専制君主の称号として公式に使われた。

＊20　ネジメッティン・エルバカン　一九二六年生〜二〇一一年没。トルコで初めてのイスラーム主義者の首相。一九九七年、軍部の圧力で首相を辞任。

第三章

講和という方法

2015年10月18日。トルコを訪れ、大統領エルドアンと会談するドイツ首相メルケル

システムから生まれる「悪」の無毒化を考える

中田　私は世の中に「悪い人間」はいないと思っています。ここで言う悪い人間とは「自分にとってなんの得もないのに人の不幸を望む」人間のことで、そういう人間は実際にはあまりいないのです。自分の利益のために他人が多少不幸になってもかまわない、と考える人はいるでしょうが、私はこれを悪人とは思いません。私自身もそうですし、人間なら誰でも、自分がいちばんかわいいのは当たり前だからです。

多分、プーチンもアサドも個人的に会ってみれば悪い人ではないと思います。基本的にこの本で取り上げている「悪」やそれに伴う政治的暴力の犠牲は、領域国民国家というシステム、法人概念などへの偶像崇拝によって生まれていますから、属人的に善悪を考えても仕方ありません。

内藤　その意味で言えば、クーデターで政権を握った父ハーフィズの政治体制を継いだバッシャール・アサドには、同情すべき点もあります。彼はアサド家の次男で眼科医でしたが、父の後継者になるはずだった兄が交通事故死したため、やむなく医者を辞めて政権を引き継いだ。もちろん彼の政権が今行っていることは非道ですけれど、彼自身がそういう人間だからとは言えないでしょう。もともと政治に興味がなかったと言われていますし。彼に非道な行為をさせているのは、父親も行っていた「恐怖の統治」というシステムであり、それを実践する取り巻きなのです。

中田　西欧諸国はそのシステムをいかに無毒化できるかという理路を考えず、目の前にいる自分たちと異なる人間をひたすら「悪魔」「魔物」ととらえて壊滅しようと考えてしまいます。領域国民国家という枠組みの中で見ると、相手が同じ人間であることも見えなくなってしまうのです。

内藤　先ほども話したように、厳しい風土の中で遊牧しているムスリムは、確かに沙漠で民族や言語の異なる人と出会ってもいきなり「敵」とは見なしません。そこで殺し合うより、助け合うほうがはるかに合理的ですから、まずは笑顔を向けるのです。根拠はなくても、人間は殺し合ったりしないものだという信頼感がある。第一章でも話しましたが、そこに法的根拠を与えたのが、イスラームだったのではないですか？

中田　ええ。

内藤　中田先生の言われるように、領域国民国家のシステムで暮らしていると、人と人が共存する合理性が働かなくなってしまうのだと思います。「アラビアのロレンス」[*1]という映画の中に象徴的なシーンがありました。オスマン帝国からのアラブ独立運動に関わった実在のイギリス人陸軍将校を描いた作品ですが、旅の途中で他人の井戸から水を汲んだ他の部族の人間を、井戸の持ち主が殺してしまう。「他人の領分を侵したから」というのが殺害理由ですが、このエピソードにはどうにも違和感がありました。イスラーム世界で水は貴重ですが、貴重だからこそ分かち合うのが現実なのです。「領分を侵されたら殺す」という映画の描き方は、まるでヨーロッパ的な「万人は万人に対して狼である」をアラブ社会に押しつけた感があります。

中田　人間が行うことの意味は、長い目で見ないと分かりませんね。先日友人と会って毛沢東の話題になったのですが、毛沢東が「文化大革命[*2]」という名のもとに共産主義革命を行った時は、地主階級、中産階級の人間が悪しき存在、という構図でした。知識もあり、礼節もわきまえ、話もできる、そんな「悪しき人たち」を革命で粛清した結果、とりあえずは巨大な搾取のシステムが潰れ、人民すべてが矛盾や例外をはらみながら、それなりに暮らせる社会ができました。しかしそのルサンチマンが残り、半世紀ほど経《た》った今、中国は「共産主義社会」と言いながら、現在の資本主義社会より格段に格差の大きい社会になっています。そういう意味では、個人が判断する「良い」「悪い」とは別の次元で判断する局面が必要です。

我々ムスリムは、一〇〇〇年単位でものを見ています。神学的に言えば歴史の最後まで見ているので、今見えているものがいいかどうか、利益があるかどうかは別にして、原理に従いながら周囲の状況を眺めていく。しかし、ここ二〇〇年ぐらいのタイムスパンで見ると、領域国民国家のひずみが、明らかに見えるのです。今我々は国家をもち、その国家は貨幣経済で成り立っていますが、実はそのどちらも抽象的な虚構にすぎません。その結果巨大な開発も可能になり、物質的には豊かな社会が構築されました。しかし、その結果として「人間疎外」が進み、国家という枠組みに大きなひずみが生じています。

内藤　領域国民国家のシステムが崩壊しかけている中で、ナショナリズムが極めていびつな形で再び頭をもたげ、自らのシステムを食い潰そうとしている、というのが今のヨーロッパの姿ですね。

国家とは互いの敵対関係が基本

中田　我々研究者には「正しい認識をする」という以外のことはあまりできないので、まずリアリズムの言葉で語ることを大事に考えたいですね。すでに提起されているように、「国家とはそもそもすべて敵同士である」ということです。これはリアリズムの言葉の一つですが、そう言ったら角が立つので、その関係の調整のために外交があります。外交には外交辞令がありますので、面と向かってほんとうのことは言わず、とりあえず「仲間だ」「友好的な関係だ」と言うのが暗黙のルールです。しかし暗黙のルールを守り続けているうちに、みんなほんとうのことが分からなくなってしまった。それが今の現実だと私はとらえています。

たとえばシリアでは、人々が弾圧を恐れてアサド政権を「立派な政権」だと口先で言い続けていたら、大人はそれが外交辞令だと分かっていても、子供の代になるとそれがほんとうだと思い込んでしまう。

内藤 シリアはまさにそうです。私がシリアで留学生活をしていた時、前代のハーフィズ・アサド政権によるハマの虐殺（一九八二年）がありましたから、敵対的な動きがでてきた時は実に冷酷無慈悲に反対派を絶滅させてしまう強権性をアサド政権がもっていることを知っていました。しかし、政権の尻尾（アサドはアラビア語でライオンの意）を踏まない限りは表面上平和が保たれたので、中東で国家を維持していくためにはこういう支配、統治法も仕方ないのかもしれない、と私も思っていたのです。シリア国内では、内戦状態に陥っていたレバノンと比較して、「アサド政権は正しい。だから内戦にならないのだ」と言っていた人が多くいました。

ところが父ハーフィズから政権を引き継いだ今のバッシャール・アサドは、自国民を無差別に攻撃し、内戦状態にしてしまった。今のアサド政権を私はとても容認できませんが、シリア問題について、いまだに「アサド政権は正しいのだ」と思い込んでいる人が日本にも少なくありません。シリアに限らず、正しい判断、認識ができない人が増えている気がします。

中田　強いものが弱いものを支配するというのがリアルな現実です。それを善悪の問題で議論するのではなく、現実とはそういう恐ろしいものだともう一度認識したうえで、それともつき合っていかざるを得ない、どうつき合っていくか、と考える。ここからしか講和は始まらないのです。

内藤　相手を敵、あるいは生きていくうえでのパラダイムが完全に違っているために共約不可能な存在と認めたうえで、お互いのルールを知る、ということですね。

中田　そうです。イスラームも「殺し合わないのが当たり前」でありながら、現実には戦争もすれば、人を殺すこともあります。ジハードにしても、『クルアーン』に「おまえたちには戦いが義務として書き定められた。おまえたちにとっては嫌なものであろうが」（二章二一六節）と記されています。イスラーム法の用語としてのジハードは、「イスラームの大義のための異教徒との戦争」という意味です。ですからジハードで人を殺すことは合法なのですが、それはイスラームの教義やイスラーム法で定められた条件を守る限りにおいてです。「人権」をもち出して「差別してはいけない」「殺してはいけない」と言いながら差別をしたり、殺している欧米人や、世俗主義者たちとは根本的に違うわけです。

内藤　そこがいちばんの問題ですね。ヨーロッパでは啓蒙思想が始まった頃から「人間には人権がある」と決めながら、支配者側に抵抗すると人間以下の扱いをしたり、皆殺しにする。人間に階級をつけて、低い者は絶滅しても仕方ないという発想をもっていたのは、もとよりナチスに始まったことではない。

中田　それをまだヨーロッパは引きずっています。

内藤　パリのオルセー美術館の外に立つ銅像を見た時、私も思いました。世界の「文明」を表す像で、ヨーロッパの人は服を着ていますが、アフリカ人は服も着ていませんし、日本女性と思われる像は髪を結って着物は着ていますが、着物の前ははだけている。馬鹿げた優越感を引きずったヨーロッパの発想が、こうした形でパリの町にそのまま残っているのです。幸いなことに、みんな美術館の中だけ見て満足してしまうので、外庭のつまらない像には注目しませんが。

中田　マルチエスニックで遊牧文化を基層とするイスラームには、みんな同じでないと安心できないという西欧の発想がそもそも分かりません。

“最後の砦《とりで》”アメリカのプレゼンスをいかに生かすか

内藤　今の世界で言うと、ヨーロッパ側は絶えず「イスラームが侵略してくる」という不安が高じて、第一章でも触れたPEGIDA（「西洋のイスラーム化に反対する欧州愛国主義者」）などという組織が登場してきました。

中田　これはジャーナリストの常岡浩介さんの受け売りですが、ロシアとイスラエルには死刑がないので、敵は捕まえる前に殺してしまうと。

内藤　なるほど、死刑に至るプロセスがない。人を殺すにしても一応ルールがある分だけアメリカのほうがましかもしれません。ひどいこともしますが、ルールでできることとできないことを定めています。先日テレビで「ブラックホーク・ダウン」[*3]という映画を観ました。アメリカ海兵隊のソマリア介入失敗を描いた作品ですが、9・11事件の前につくられたこともあって、アメリカの戦闘を正当化する国家主義の影は薄い。ここで多大な犠牲がでた、という描き方になっていました。ベトナム戦争のあとも、その是非を問い直すような映画がつくられていましたし、アメリカには若干でも自浄作用がありますね。

中田　ほかの国に比べれば、アメリカはましですね。すでにアメリカの力は弱まり、そばにくっついているのは日本ぐらいのものですが、自浄作用が多少あるという点ではほかの国より望みがあります。

内藤　アメリカ軍はシリアへの空爆で国境なき医師団のキャンプを誤爆しましたが、後で謝罪はしていました。それが国境なき医師団のキャンプだったからでしょうが、もしこれがロシアだったら、どこを誤爆したにせよ誤爆を認めない。それどころか、無差別な空爆を非難されても、下にいたのは皆テロリストだと主張してはばからない。

中田　ロシアや中国は、認めないでしょう。

内藤　アサド政権も。

中田　まさにそのとおりです。アサド政権は自国で一八万人の市民を殺してもなんの痛みも感じていないのですから。

内藤　一方西洋では、差別は許されない、迫害は許されない、と建前をかざしながら、実際には差別や迫害を行うことがありますね。

日本も西洋と似ているところがあります。一つ例をあげると、外国人技能実習制度では、来日した外国人たちに「研修」を受けさせるという名目で、実際には日本人の労働力を確保しにくい分野で働かせています。しかも、極めて低賃金で。「研修」だから給料を払うのはおかしい、あるいはわずかでいいというのであれば、とんでもない傲慢であり、不公正なことです。

2013年、廃墟になったホムスの市街を進軍するシリア政府軍の戦車

これを、国家が率先してやっている。

中田　リアルに現実を見るとは、まさにそういうことですね。戦争をするという前提や戦争のルールがあって、講和がある。ヨーロッパ側が「絶対平和だ」「我々は人権に則っている」といつまでも言っていると、講和の道が開けなくなってしまいます。

内藤　我々は今までアメリカの中東への軍事介入を、場当たり的に他国の危うい秩序を破壊した行為として、批判的にとらえていました。しかし、今ロシアや中国が存在感を強め、覇権を目指す、という危機に移ろうとしているわけですよね。そうした時、中田先生がおっしゃるように、最後の砦がアメリカになってしまっている。これは決して肯定しているわけではないのですが、人を殺すにしても、アメリカの殺し方のほうがまだ秩序があると。もっとも共和党のドナルド・トランプ[*4]のような人物が政権を握ったら、目も当てられませんが。

中田　民主主義というのは非効率的なシステムなので、本気で覇権を狙ってロシアと中国が動いた時、民主的に対応していると戦時体制をとるのが遅れて勝てない。アメリカは今それで揺れていますから、どうしても効率的な政策はとれません。こうなってしまうとアメリカがロシアや中国に手玉に取られるのではないか、という気がしてきます。なぜ私がアメリカを擁護しないといけないのかと思いますけれども……。

凋落《ちょうらく》するサウジアラビア、スンナ派の主体たりえるのは……

内藤　ヨーロッパとイスラームの講和を考える時、難しいのは誰が双方の主体になるかですね。国連にも期待はできませんし、ＥＵ委員長がでてきたところでＥＵは国家の集合体で、国家を超越する論理が存在しません。しかしヨーロッパは、講和の概念そのものにはなじみやすいと思うのです。ウエストファリア体制をつくった当事者であり、しかも第一次大戦、第二次大戦と、二度もヨーロッパを焦土とするような戦争をしたあげく、ＥＵをつくった。ですから一国で大国化することができないことは、もう分かっているはずです。今はイスラーム排斥に傾いていますが、イスラームと講和しないといまだに大国化を狙って南進を続けるロシアも脅威になってくる。ここでヨーロッパに「講和」の発想が芽生えれば、主体はヨーロッパを代表する国の長になるでしょうか。

中田　そうですね。イスラーム側はすでに申し上げたように、理論上は価値観の違う人とも共存できるので講和はできますが、ただその場合、講和条約を結ぶべき相手となる主体が存在しないのが問題なわけです。シーア派はイランでいいのですが、スンナ派には主体がない。ＩＳのバグダディがカリフを名乗っていますが、さすがに西欧も、もはやＩＳと講和を結ぶわけにはいかないでしょう。

内藤　おっしゃるとおり、疑似的でもいいからカリフに近い存在がでてきてまとめないと、ヨーロッパとの講和どころではありませんね。ただでさえスンナ派の国家存続も危ういわけです。サイクス＝ピコ協定で中東に生まれた疑似的な領域国民国家ですから、もともと秩序は脆弱ですし、国家の長たちは絶えずレジティマシー（正当性）を疑われている。そのうえ現実の政治でも今、非常に不安定な状況に置かれています。「アラブの春」で成立したムルシー[*5]政権を軍事クーデターで倒したエジプトのシーシーに統治の正当性があるかと言えば、かなり疑問が残ります。

中田　ほんとうに、アラブの心臓部にあるエジプトとサウジアラビアはもう危ないのです。

内藤　サウジアラビアはどんな状況ですか？

中田　王室クーデターの話が、もう公然と出ています。サウジアラビアはこれまでアメリカ一国に寄り添って、あとはただ世界中に金をまいていた。しかし、アメリカがイランと核合意したことが不満で、今度はロシアに秋波を送り始めたのですが、外交能力はありませんので結局アメリカの信用を失いロシアに手玉に取られるだけに終わるでしょう。

さらに、近付いたロシアがＩＳに空爆を始めたため、もともとはイデオロギー的には近かったＩＳからの近親憎悪の怒りに火を注ぐことになり、また南の国境を接するイエメンが内戦で首都サナアがシーア派の手に落ちると、サウジアラビアでもシーア派に改宗する人が増えており、ＩＳとシーア派との両正面戦争になっています。イエメンにはすでに陸軍を派遣していますが、サウジアラビアにとって実戦のための軍の対外派遣は建国以来初めてのことです。今まですべてのことを金で済ませてきたのに、今は自らの国民を兵として送り、死者を増やしています。石油価格の暴落で財政危機が伝えられる中で先が見えないイエメン介入の戦費はサウジアラビアに重くのしかかっています。

ほかにもムスリム同胞団のムルシー政権を倒したエジプトの軍事政権を支援したことで敬虔なワッハーブ派の国民の不評をかったうえに、マッカの巡礼者が大量に事故死した事件の対応でも国際的に威信が低下しています。

そんな危機的状況なのに、王族は外国で麻薬使用やレイプ事件を起こしているというていたらくで、サウジアラビアは完全に危ないです。

付け加えますと、イランの影響の濃いレバノンで覚醒剤を所持していたサウジの王族が逮捕[*6]されたのは、イラン、ヒズブッラーの影響でレバノンがサウジにケンカを売ったととらえられた可能性があります。二〇一五年一一月一二日にベイルートで起きた「テロ」に関してはＩＳ

が声明を出していますが、このことと関連があると私は見ています。これはほんとうにすごく危険で、本質的にはイランとサウジの代理戦争だと私は思っていました。その危険性の意味を考えると、ＩＳの問題はそれほど大きくないというくらいに。

その末に起きたのが二〇一六年はじめに勃発したサウジアラビアとイランの緊張でした。欧米メディアは全然気づいていませんが、第二章で少し触れたとおり、すでに「イスラーム問題」の最大の焦点は、「欧米vs.イスラーム国」から、「中露イランvs.スンナ派テュルク（トルコ）系民族ベルト」に移っています。液状化した無能なアラブを飲み込み、スンナ派テュルク系民族ベルトを抑え込んで、シーア派が主導するイスラーム帝国を樹立するという形で、世界帝国としてのイラン帝国を復興する、というのがイランが現在実現可能と考えているシナリオであり、当面注目すべきは、上海協力機構とアフガニスタンの情勢だと思っています。

内藤　なるほど。イエメンも一向に安定しませんし、シリアは内戦で完全に崩壊。気づけばサウジアラビアはイランの支援するシーア派勢力に囲まれてしまっていますね。北アフリカに目をやればエジプトも世俗的な軍事政権、リビアもバラバラになってしまっていますし。

中田　そうですね。となると、ヨーロッパとの講和でスンナ派の主体になれるのは、トルコしかありません。ヨーロッパ側の主体が誰になるか分かりませんが、もしドイツと仮定して歴史を遡ってみれば、片や神聖ローマ帝国、一方はカリフ国たるオスマン帝国です。二〇一五年の一〇月にドイツのメルケル首相がトルコを訪問すると知った時、そんなことも思いました。[*7]

内藤　なるほど。中田先生のご指摘は、トルコを研究していながら私には盲点でした。むしろトルコは、この数年、国内政治の腐敗が進んでいて、もうあまり力はないだろうと思っていた。二〇〇三年に首相に就任したエルドアンは、世俗主義に走る軍部を抑えてイスラーム主義の政治を行い、最初の数年は国民から強い支持を得ていました。ところがトルコ初の大統領に就任（二〇一四年）するあたりから権力の濫用が目立ちます。それで思いが至りませんでしたが、改めて考えてみれば、確かにそうですよね。

かつて、オスマン帝国はヨーロッパ各国との間で戦争を続けたわけではない。そんなことをしていたら六〇〇年以上にわたって、ヨーロッパのキリスト教地域を統治することなどできるわけがありません。一種の「講和」のようなシステムで、個々の国との安全保障のシステムをもっていました。

中田　そうですね。今、「我が国からイスラームを排除する」と言っているハンガリーも、かつてオスマン帝国の領土だったのです。そういう歴史を思い出して、現代ならどういう共存の仕方があるかを話し合わないといけない。そう考えていくと、イスラーム側の主体はやはりトルコなのです。

内藤 トルコはイスラーム圏でありながらNATOに加盟して西側諸国の一員でもありますし、講和のための交渉をなしうる立場にありますね。アラブ諸国は嫌がるでしょうが。

オスマン帝国の学知を再生するトルコ

内藤 先ほど、トルコのエルドアン大統領を「イスラーム主義者」として非常に逸材だと言っておられましたね。

中田 ええ。実は今、シェイフと言われるイスラーム学者たちがイスタンブールに集まっていまして、エルドアン政権の元でイスラーム学の底上げが進められているのです。シリアの反体制派のかなりの部分はシェイフですから、シリアを逃れてトルコ入りしているのです。この前も国民評議会の議長がイスタンブールに逃げてきた。

内藤 そう言えば、このところ急にイスタンブール大学をはじめ、トルコの大学でシリア人の先生が増えてきました。

中田 アラブ人の学者も大勢来たので、エルドアン政権はオスマン語の教育も進めて行こうとしています。オスマン語はアラビア語の影響が強く、文字もアラビア文字で表記されますから、今のトルコ人には読めないのですね。そのためにオスマン帝国の歴史やオスマン語を学ぶトルコ人を教育するプログラムも始まりました。

内藤　私が九〇年代に最初にトルコに行った時は、オスマン語を読めるトルコ人がほとんどいませんでした。モスクの中に書いてあるムハンマドとかアリーという文字すら読めず、間違って説明している旅行ガイドを見かけました。イスラーム学やオスマン史を学ばない限り、現代のトルコ人はみんなオスマン語を読めないのですね。アラビア語は隣国の言語ですが、これも読めないし話せない。これは近代化の過程で急速にトルコ人化を進めたひずみです。たかだか一〇〇年前の文書がなに一つ読めない。これまでは、学者が訳したトルコの公定史観を反映した文書しか読めなかったのです。

ここにきてアラブ人が加わることで、一種の大翻訳運動がイスタンブールで起きるかもしれないですね。

中田　アラブ人だけではありません。もともとオスマン朝の教育を受けたあと、アメリカで学位を取った学者も登用しています。「これからの時代、イスラーム学だけでなく西洋の学問も学ばなくてはいけない。両方を知る人を育てていこう」という動きも、トルコでは始まっているのです。

内藤　ヨーロッパと講和するためのイスラーム側の主体として、確かにトルコはいい位置にいるかもしれません。エジプト政府の御用機関とならざるをえないアズハル大学[*8]とはずいぶん違います。

中田　今までの「国民国家」トルコで多かったのは、クルド人の民族主義との対立でした。しかしそこへ今度はアラブ人が入ってきて、まさにかつてのオスマン帝国のような多文化多民族の国に近付いていている。そういう側面も、実はあるのです。

内藤　シリアからは、当然アルメニア人も入ってきますね。

中田　入ってきます。

内藤　アルメニア人はオスマン帝国で迫害[*9]を受けていましたから、トルコへ行くのは悪夢だったかもしれません。しかし、そこで受け入れてもらえれば、劇的にあの地域でのトルコの位置が変わりますね。まさにイスタンブールが「君府」となりオスマン帝国時代の都市文明が甦《よみがえ》ってくる。

中田　ほんとうですね。ヨーロッパの命運は、トルコをうまく取り込めるかどうかにかかっています。

内藤　そこが興味深いところです。EU側はトルコの加盟交渉を引き延ばしていますが、今の枠組みではトルコが加盟国として承認される可能性は低そうです。しかし、恐らくトルコは交渉を自ら断つことはしないと思います。すでに、EU側は、シリア難民の問題でトルコと真剣に話をせざるを得ない状況です。そこで講和の話をだしていくという発想はあり得ることです。

イスラームとヨーロッパの架け橋としてのトルコ

内藤 トルコは二〇一五年一一月一日に実施された総選挙で与党のAKP（公正発展党）が予想外に圧勝し、エルドアン体制が維持されています。この選挙結果を、周辺のスンナ派諸国も揃って歓迎していましたね。

中田 スンナ派のムスリム同胞団は、二〇一〇年から起きた「アラブの春」で平和的に議会制民主主義を掲げて各国の政権を取り、成功したらイスラーム化してカリフ制をつくろうとしていたのです。チュニジアとエジプトは成功しかけたのですが、ご存じのとおりこの二国もほかの国もすべて失敗してしまいました。もしあの時アラブの春が成功してムスリム同胞団の天下になっていたら、恐らくエルドアンがカリフになっていたと思います。同胞団のイスラーム学的最高権威カラダーウイーは、すでにエルドアンを「実質的なカリフ」として扱っていました。直接言葉で言わなくても、我々ムスリムには分かるのです。

内藤　エルドアン自身も！

中田　ええ、エルドアンはカリフ、あるいはスルタンになってイスラーム世界を自分がまとめるつもりでいたはずです。しかしその梯子《はしご》が外されてしまった、というのが現状なわけです。その意味では残念でしたが、エルドアンのトルコにはまだ求心力があります。

内藤　二〇一〇年前後のエルドアンは、国際政治の場でも目立っていました。二〇〇九年のダヴォス会議（世界経済フォーラム）では、パレスチナのガザを攻撃して市民を殺害したイスラエルのペレス大統領に向かって、「あなた方は人の殺し方をよくご存じだ。私はあなた方が浜辺で遊んでいた子供たちをどのように狙い撃ちしたか、よく知っている」と言い放っています。その後に、席を立って出て行ってしまうのですが、パレスチナだけでなく多くのムスリムから絶賛されました。同じ席にいた、アラブ連盟のアムル・ムーサ事務局長の狼狽《ろうばい》ぶりが滑稽なくらいでした。本来なら、同じアラブ人である彼らが、イスラエルに対して毅然としてものを言うべきであったのに、全然、それをしてこなかった。そこに、トルコの首相が公然と非難したわけですから。

二〇一一年の二月には、「アラブの春」によって窮地に陥りながら大統領の座にしがみついていたエジプトのムバラク大統領に退陣を迫りました。それも威圧的な言葉ではなく、「人間、生前大統領であったとしても、死ぬ時はそれになんの価値もない。成すべきは善行を積み、国民の声に耳を傾けることだ」という趣旨の内容でした。演説原稿はイスラーム神学者の側近が書いたものですが、こうしたパフォーマンスも功を奏して、エルドアンとトルコはイスラーム圏の民衆から憧れのまなざしを集めていたものです。

中田 ええ、そうでしたね。

内藤 しかしここ三、四年でずいぶん状況は変わってしまいました。トルコの内政は分極化して混乱し、国内ではエルドアン政権の正統性が問われています。富と権力を一手に集めすぎて汚職問題が指摘されましたし、強権的な性格も露骨に表れてきました。自分の家族に汚職の嫌疑がかかった二〇一三年には警察と検察に圧力をかけて捜査を妨害し、二〇一四年には警察を利用して暴挙にでます。エルドアンと一時は歩みを共にしていたギュレン運動[*10]の人々がエルドアンの汚職を暴露したため、彼らに近い放送局に警察官を動員し、強制的に放送を停止させてしまったのです。

エルドアンにはこうした横暴な一面がありますが、西欧の列強国を相手にする外交手腕が現政権のなかで傑出していることは否定できません。

中田 そうですね。シリアから逃れてきたイスラーム学者たちにしても、ほかの政党の政権では吸収しきれなかったことでしょう。それに今のような激動の時代は、エルドアンのほうが力を発揮できるはずです。しかも、エルドアンはいいブレーンを揃えていますしね。

内藤　ええ、エルドアン自身はともかく、周囲には第一級の学者を揃えている。現在のダウトオウル首相[*11]もイスラームと国際政治を専門にする学者で、マレーシアの国際イスラーム大学で教鞭《きょうべん》をとっていたこともあります。そもそもAKPは、創立当時からイスラーム法と国際法に通じた人材を揃えていました。他国を攻撃する時、どんな場合なら正当性があるのか、講和をするにはどういう方法があるか、という問題をイスラームと西洋両方の法や歴史に照らして考えられる人材を揃えていたのです。その意味で、AKPは初めから一種のカリフ国家的な性格を目指していたような気がします。

トルコ大統領エルドアンは再びカリフの夢を見るか

内藤　エルドアンは大統領になってからアンカラに壮大な大統領官邸をつくりましたが、あれもカリフ、あるいはスルタンを意識してのことかもしれません。

中田　ええ、そのつもりだと思います。

内藤　先ほど話題になったメルケル首相のトルコ訪問では、アンカラの宮殿に招かれたメルケルが、あまりに豪華な宮殿での「謁見」を断り、イスタンブールで会見したと言われています。

中田　そうだったのですか。

内藤　ええ、メルケルは宮殿行きを嫌がったそうです。多分、そうするとほんとうにスルタンの元へ頼み事をしに行くヨーロッパの勅使のような図になってしまうからでしょうか（笑）。それで会見場所がイスタンブールになったのですが、みごとにエルドアンの策にはまりました。メルケルは金色の玉座に座らされて、結局スルタンの横に座るヨーロッパの勅使という図になってしまった。エルドアンはこのポーズで写真を撮りたかったのでしょうね（一五三ページの写真参照）。

中田　その話はほんとうにおもしろいですね。

内藤　座り心地は悪そうでしたが。この話、続きがありまして、年が明けて二〇一六年の二月はじめ、今度はついにアンカラを訪問して一一五〇室もある大統領宮殿でエルドアン大統領と会見した。もちろん、冬になっても止まらない難民の流れを止めようと交渉に行ったのですが、また、玉座に座らされてしまった。ドイツ国内やEUの中では、「なんで何度もトルコに行ってるんだ」と批判の声が上がっていました。でも、メルケル首相、交渉相手としてのエルドアンと差しで真剣にやり合っているところは、ちゃんと自分の立ち位置を理解していると思うんです。

中田　そうですね。非常に重要な会見だったかもしれません。呉越同舟といいますか、理念が異なる者同士、お互いに違った論理で解釈して共存することができる、というオスマン帝国とヨーロッパがもっていた昔の知恵を、現代の代表者が表した瞬間とも言えそうです。オスマン帝国はヨーロッパだけでなく、中国に対してもヨーロッパと同じように扱い、解釈し合っていました。

内藤　トルコは中国とロシアが中心となっている上海協力機構の対話パートナーになりましたから、今もつながりはありますね。東南アジアのイスラーム世界は、今どういう状況ですか？

中田　東南アジアではイスラームの連帯ということが言われていたのですが、「アラブの春」に対しては、うまく進まないことを非常に冷めた目で見ていましたね。たとえば一九九八年に独裁者スハルト[*12]大統領を民衆革命で倒したインドネシアは、「自分たちのほうが先にやった」という思いが強い。たしかにスハルト政権崩壊でイスラームの果たした役割は大きかったのですが、その後イスラーム主義は失速しました。インドネシアもマレーシアもアラブとは違った意味で利権国家なので政治にはあまり期待できませんが、文化面ではいまだに進展しつつあります。ミャンマーではムスリムであるロヒンギャ迫害[*13]の問題があるので、ここは非政治的ですね。

内藤　ロヒンギャ問題が起きた時、二〇一二年ですが、エルドアン首相（当時）夫人とダウトオウル外相（当時）は現地に行きました。エルドアン夫人はロヒンギャの人々を抱きしめたり、お土産を配ったり。

中田　行っているのですか?

内藤　ええ、エルドアン夫人は、ロヒンギャの女性を抱きしめて涙を浮かべ「自分たちがついている」と話しかけていました。

中田　それはすごいです。あの強固な軍事政権のミャンマーに入れたこともすごいですし、現地に行ったことも……。

内藤　ロヒンギャの人たちが虐げられて難民化している問題は日本でほとんど報じられませんが、トルコの人と話すとよく話題にのぼります。

中田　エルサレムも含めて、東南アジアとオスマン帝国は非常に関係が深かったのです。それについても、先ほどお話ししたトルコで進めているオスマントルコ学の中で、今研究されています。

内藤　トルコは北アフリカでチュニジアを強く支援していますし、ソマリアにはエルドアン自身が行って学校や病院を建てています。ただ、ナイジェリアになるとトルコも手を出しかねているようですが。

中田　ナイジェリアのボコ・ハラム[*14]になると、私も情報があまりありません。現地に行った人の話では、ボコ・ハラムのいる地域には人肉を食べさせるレストランがあるという話ですが、アフリカ文化の中には我々の想像を超えた部分があるので。

内藤　アフリカの地方的イスラームは分かりませんね。しかしこうして見ると、エルドアンはロヒンギャ問題やソマリア支援でも、カリフっぽい態度を示していますね。

中田　ほんとうにそうですね。

和平会議でのタリバン上洛《じょうらく》を実現させたカタールの存在感

内藤　イスラームの国の中で、今やトルコが頼りにしているのはカタールぐらいですか。

中田　そうですね。私が今見ているイスラーム世界の文脈の中では、「カタール・トルコ枢軸」という言葉が使われています。カタールは世界中にお金をばらまいている国ですが、トルコに対しては特別な形で援助しているのです。二〇一三年にエジプトでシーシーがクーデターを起こした時、サウジアラビアとアラブ首長国連邦は支援しました。しかしカタールは少し違うスタンスをとって、表立って支援しない微妙な立場を保っていた。その理由はトルコがシーシーのクーデターに強く反発していたからなのです。

内藤　カタールは国が安定していますね。バーレーンのように統治者と国民がスンナ派とシーア派で逆転するようなこともありませんし。

中田　そうですね、国民性も良いですし、のんびりした良い国です。実はイスラーム諸国の中では奴隷が多い国と言われていますし、出稼ぎ労働者も多いのですが、サウジアラビアやクウェート、アラブ首長国連邦に比べると、そういう労働者たちの待遇も非常に恵まれている。外国人労働者たちものんびりした顔をしていますし、決して不当な扱いを受けていないことが分かります。

内藤　カタールは、スーダンのダルフールの紛争[*15]地の再建のためにものすごく資金をだしていますよね。家族に関する財団を訪れた時に聞きましたが、第一に子供たちと家族と家を再建するというやり方もイスラームの文脈に沿ったものです。

もう一つ驚いたのは、確かに外国人労働者が多すぎて、アラビア語が通じる相手を探すのにしばしば苦労したこと。宿泊先のホテル従業員は全員スリランカ人でした。

中田　カタールは今、八〇パーセントの住民が外国人と言われています。

内藤　おもしろい国ですね。中田先生も言われたように世界中に資金援助することで、どこからも攻撃されないようにしている。アルジャジーラ[*16]のような放送局も中東では珍しく、わりあいイスラームに関して公平な報道をしています。他国の人をそれだけ受け入れながら、ギリギリのところである程度の自由を維持している。カタールはタリバンも受け入れているので、タリバンの事務所もあるのですよね。

中田　ええ、いわゆる過激派と言われる組織とも、うまくつながりあえる国です。

内藤　イスラームが本来もつ、やってくる人を誰でも受け入れるという思想が、カタールでは具現化されているように思います。中田先生と私は、二〇一二年にアフガニスタンの代表とタリバンの代表を同時に招き、同志社大学で「アフガニスタンにおける和解と平和構築」という会議を開きました。当時、アフガン国内ではタリバンとカルザイ政権の人間が会うことなど不可能だったので、日本でその場を設けたのです。あの時、中田先生がカタールのタリバン事務所まででかけて交渉してくださいましたね。

中田　すんなりと交渉がまとまったわけではなく、さまざまな偶然が重なって実現した奇跡的な会合でした。

2012年に同志社大学で行われた国際会議「アフガニスタンにおける和解と平和構築」での著者（内藤）とタリバンのメンバー（左端）

内藤　タリバンからはタリバン政権時代のパキスタン大使だったザイーフさん、アフガニスタンからはカルザイ政権のスタネクザイさん（現国防相）、それに反政府組織のヒズビ・イスラミの代表バヒールさんも参加してくれました。スタネクザイさんはタリバンの自爆攻撃に巻き込まれて足を悪くしているのに、タリバンとの会議に出席してくださった。あの攻撃ではラバニ元大統領が死亡し、スタネクザイさん自身も大怪我《おおけが》を負ったのですが、その敵と話すことも厭《いと》わない。会議が終わったあとはみんなで居酒屋に行って、一つの鍋を囲みましたね。もちろん酒抜きでしたが。

中田　アフガニスタンの人は文明人ですから、爆破を仕掛けた側と被害を受けた側が友人のようににこにこ笑って話し、礼拝の時間になると一緒に礼拝していました。

内藤　そこが大事です。アフガン人たちのそういう態度に「文明」を見出せるかどうか。欧米諸国は、自分たちの基準にそぐわないものを野蛮と決めつけてしまうけれど、敵同士でも、同じ座卓を囲んで鍋をつつく度量をもっているほうが、よほど文明人ではないかという気がします。

会議では「外国の軍隊が撤退しない限りアフガニスタンに平和は訪れない」という点で意見は一致したのですが、残念ながら今もアメリカ軍は駐留していますし、平和は訪れていません。

アメリカ側は自分たちが撤退すると情勢が不安定になると言っていますけれど、違います。彼らがいるから不安定になるのです。結局アフガニスタンのことはアフガン人でしか解決できないというのは事実だったと思いますね。

ISとイスラーム同士で講和できるか

内藤　ISについては、イスラームの枠の中でなんらか交渉できる可能性はありますか？

中田　可能性はあるのです。しかし、少なくともタリバンの時のように、カタールに呼ぶのは無理です。今はもういきさつ上、関係が難しくなってしまいましたが、たとえば私がISに行くとか、ISの中で話すしかなかったのです。タリバンの場合は承認国こそ少数でしたが、一応承認された国だったわけですから、国際法の枠組みの中でアフガニスタンと話し合うことはできました。しかも、「今の共和国を一つにしよう」という枠組みで話せばよかったわけです。一方、ISの場合はそもそも西欧の国際社会自体を認めないという立場ですし、その相手ととりあえず講和をするという話なので、タリバンとは難易度がまったく違います。

内藤　そうですね。

中田　ただ、今の状況を固定して、これ以上悪化させないことはできると思いますし、それは絶対しないといけない。そう考えると、やはりトルコですね。今でもトルコとISは、確かに表向きは敵対していますが、国境を接していながら実際には戦っていないわけですから。

内藤　トルコは、対ISということでは二〇一五年七月に西欧側の有志連合に参加していながら、「武力で潰すことはできない」という姿勢を一貫して見せていますね。アメリカにせかされて少し攻撃しただけです。エルドアン政権はISをテロ組織としていますが、同じスンナ派ムスリムの同胞を壊滅させようとまではしないようです。ましてやISへの攻撃で、もとからその土地に暮らしていた同胞を殺すことなど、絶対にしたくないのでしょう。

中田　そうです。

内藤　領域国民国家の論理に従えば、国家の敵を亡き者にしようとする。アメリカにしても、イギリス、フランスにしてもそうですね。イスラームのほうも、実際に殺戮《さつりく》もしているわけですし、それを肯定はできませんが、そこには一定したルールがあるのも事実です。シーア派が第一の敵とか、背教者が第一の敵とか、ムスリム同士は距離をはかっているわけです。むろん普通の人は攻撃対象にならないと考えています。あいつは攻撃するけれど、こいつは攻撃しないという、一種の約束が成り立っていますね。

中田　ええ。どういう論理であっても、関係のない一般市民を殺すというのは間違いです。それが間違っていないと思っているのはプーチンとアサドだけだと思いますが、欧米の攻撃はえてして「誤爆」という形でこれをしてしまう。
内藤　ところで先日、ＩＳに関する世論調査結果を見たのですが、「ＩＳを好ましいと思うか？」という設問に「イエス」と答えたトルコ人は八パーセントでした（一八ページのグラフ参照）。トルコの人口は約七七〇〇万人ですから、六〇〇万人以上のシンパがいることになります。ちなみに中東でほぼ一〇〇パーセント否定という結果だったのはレバノンだけでした。
中田　ＩＳは国境を越えてよくトルコ国内に入っていますし、国境付近にあるコバニでは戦闘が起きていますから、それを「恐怖」と感じていたら生活していけません。私が行って実際に見たところ、いちばん身近な国境近くにいるトルコ人たちは、ＩＳそのものにほとんど興味をもっていませんでした。外から見ればいちばん怖がっているだろうと思える人たちは、怖がっていないのです。というのは、ＩＳの人たちが普通にいくらでも出入りしており、彼らと日常的に接していて実態を知っているからなのです。ですからＩＳの人が越境してきても、それを密告するようなこともしない。
内藤　そうですよね。そこのところを、欧米は分かっていない。だから自分たちが「悪魔」と見ているものを恐れない人間がいると、悪魔の仲間だと思ってしまう。トルコはテロ国家を支援している、としか受け取れないのですね。ＩＳ的なものに対してどういう感覚をもっているかというのは、我々外側から見る人間と、現場にいる人間とではまったく違います。ですから欧米の人もそこを理解したうえで、どうやって無毒化するか、イスラーム社会の人々と一緒に考えなくてはいけないと思います。空爆の激化でますます病巣が飛び散って広がっている現実を、そろそろしっかり直視してほしいですね。

人の流れを「静観」できるか

内藤　ヨーロッパ諸国の人たちは、自分の国からＩＳへ人が行くと、非常に大騒ぎしますが、それは「戦闘員としてＩＳへ行った自国民が、いつか帰国して国内でテロを起こす」と考えているからだと思います。ヨーロッパでのテロのために戻ってくる戦闘員もいますが、多くは、英国やドイツのパスポートを破り捨てたり燃やしたりして行っています。その様子は動画サイトでも彼ら自身が公開していましたね。

ＩＳへ行く動機はＩＳの「夢の国」というプロパガンダに乗せられただけだとしても、その奥には今いる場所、国が嫌だから逃げる、ということがあると思います。それだけ自分たちの国は異質な人間に対して冷たい国だ、ということに気づくべきです。

中田　そうです。ですから基本的には、国境をある程度開いて、ISが好きな人間はみんなISに行ってもらえばいいのです。ISに行かない人に対しては、客人として迎えますから普通に国内で暮らしていてください、と。ヨーロッパに関してはそれしかないと思いますよね。なにも干渉せず、ISに行かせてあげればいい。帰ってきたら、また客として迎えてあげればいいだけです。少なくともヨーロッパ的には、人の流れを自由にしていくということが現実的な策だと思うのです。

内藤　先生、それ、無理です（笑）。ヨーロッパにある「客人」の発想というのは、ドイツに典型的な「一時的滞在者」というだけで、居る限りは客人として接遇するという発想など微塵《みじん》もありません。

さて、ISがいる地域も内情はさまざまでしょうが、中田先生が見てこられたISはどういう秩序でしたか？

中田　こう言うと奇異に思われるかもしれませんが、意外と治安は良いのです。ISの人たちも末端の若者になると至って呑気《のんき》で、外国の友人に「オートバイを送ってくれ」とメールしたりしています。その代わり、有志連合の空爆が始まると、俄然《がぜん》張り切る。ロシア軍が参加した時など、きっと「よーし、おもしろくなってきた」という感じではなかったかと思います。

内藤　そうですか。空爆は逆効果ですね。

中田　食べる物もないし、イスラーム法的にもうるさいのですが、ともかく治安は良い。アサド政権下はお膝元のダマスカスですらものすごく治安が悪く、強盗事件も多発していたのですが、IS、それとアルカイダ系のイスラーム主義組織、ヌスラ戦線が入った地域ではそれがなくなって、治安が回復しつつあるといいます。

内藤　その点ではタリバンがアフガニスタンを支配した時と似ていませんか。

中田　そう、とても似ています。今、ISは一生懸命学校の教科書をつくったり、金貨をつくったりしています。だから、放っておいてやればいいのです。空爆はさらなる敵意を醸成するだけですし、かえって態度硬化につながります。

内藤　放っておいてやればいい。その発想が、非イスラーム圏にはまったくありませんね。ISはテロ組織だから軍事力で壊滅する、相変わらずその一点張りで対応しています。効果が見られなかったら別の治療法を探すという姿勢も見られません。

中田　そうですね。繰り返しになりますが、ISへ行く人もISから来る人も、みんな難民だと思って受け入れてあげる、と。だから、もしISが嫌で逃げてきたという人間がいたら、手を尽くして助け、みんなで歓迎してあげればいいのです、本来。そうすべきなのです、本当にね。

迫害されている人を緊急に「域外へ逃がす」

中田　ＩＳ問題で一つ緊急にとらなければならなかった対策は、ヤズィーディの保護ですね。西欧や周辺国はヤズィーディ教徒の迫害を知っていたわけですから、「うちの国へどうぞ」と早く引き取らなければいけなかった。

内藤　そうですよね。ＩＳが「ヤズィーディだから殺す」と言った時、正式にメッセージを送って、イスラーム法を援用しながら「ちょっと待て。多神教のヤズィーディが嫌いなのは分かったから、うちで引き取ろう。殺すのはやめておけ」という説得の仕方もあったのではありませんか。しかし実際は、「ＩＳは怪《け》しからん悪魔だ」という発想から一歩も出ようとしなかった。

中田　そうです。ただ、実を言えばほとんど殺していないのです。あとになって何百人単位で解放していることは西側のメディアさえも伝えています。殺すのが目的ではなくて、追放するのが目的だったわけです。ＩＳのイスラーム法解釈では、「ダール・イスラーム」、つまりカリフ国では、ムスリム以外は、啓典の民、キリスト教徒とユダヤ教徒、それに啓典の民に準ずるゾロアスター教徒しか永住権を与えられないので、多神教徒であるヤズィーディ教徒は永住権を与えられない。ですからあれは、それ以外の土地へ「でて行け」という話なのです。

もちろんいきなり家を追い出し追放するだけでも追い出される側からすればとんでもない話ですが、イスラーム法上は筋の通った一つの考え方ですし、多神教徒は皆殺し、民族浄化、といった話ではまったくないのです。これはあくまで法理上導き出しうるという話であって、私自身はその行為を肯定しているわけではありません。

内藤　ですから、イスラーム法学の専門家が必要なのです。相手がイスラームの名のもとに暴虐を働いている時、ヨーロッパの論理では通じない。中田先生は以前、ＩＳのヤズィーディ問題について、イスラーム法学者としての見解を述べておられましたね。

中田　ええ。東アラブ地域では、マーリキー派の法学説を採用すれば、多神教徒も庇護され、永住を認められることがあります。ヤズィーディを多神教であるゾロアスター教の系統と考えれば、準啓典の民と見なせる。その場合はイスラームに改宗してもらうか、改宗せず少額の税金を支払ってもらう、ということで追放も殺戮も避けられるという解釈もあるのです。

内藤　なるほど。私たちも、欧米諸国も、こういうディテイルをまったく知らない。

中田　しかし、現実的に考えれば、まずヤズィーディをＩＳの支配地から「逃がす」ことが先決でしょう。交渉をしたり、戦うことより、逃がすことを考えるほうが楽なはずです。

内藤　目の前で生まれる犠牲者をいかに減らすか、ということですね。

中田　シリアの内戦も同じです。最初にもっと逃がしておけば、こんなに問題は大きく複雑にならなかったのに、とつくづく思います。

内藤　今からでも、シリアにいたくない人はすべて逃がしてあげたいですね。戦いたい人だけシリア内に残って、戦いたくない人、死にたくない人を巻き込まずに、戦士だけで思う存分戦えと。

中田　そう、すべての国境を開けて、戦闘員だけを囲いの中で戦わせる。そんな方法もあるかもしれません。

もっとも難しいのはスンナ派世界とシーア派世界の講和

内藤　イスラーム世界の中で今サウジアラビアを筆頭としたスンナ派の国とイランが支援するシーア派勢力の対立が高まっていますが、この両者の講和というのは可能ですか。

中田　最近あまりにもシーア派が伸びすぎて、スンナ派は大団結しないといけない、という動きになっています。講和を結ぶには、これも結局主体がないとできない。先ほど申し上げたように、シーア派のほうにはイランのハーメネイー*17がいますが、スンナ派にはいない。これが最大の問題です。しかし、カリフ制が成立すれば移民問題を含めあらゆる問題に着手できます。スンナ派とシーア派が講和して、そのうえでヨーロッパとの講和を進めるということであれば、やはりスンナ派はトルコが中心になるのがいちばん良いと思います。

内藤　確かにトルコはこの間、イランと敵対的にはなっていません。いや、一度も敵対したことがないですね。エルドアンの師匠に当たるエルバカンが一九九六年に首相の座に着いて、初めに訪問したのはマレーシアとインドネシアでした。その次に、イランとの間で天然ガスの輸入計画を立てた。当時の新聞の見出しを、今でも覚えています。「イスラーム・ガス来たる」と書いてありました。当時の世俗主義派は西欧的な思考にどっぷり浸かっていましたから、「東南アジアから何を学べる？」「なぜイランのような敵と協力する？」と批判していましたが、エルバカンにしてみれば、別にイランとの友好関係を結ぶことになんの問題もない。

オスマン帝国のスルタンと一緒ですね。明治時代にアブデュルハミト二世の使節がエルトゥールル号で日本へ来て明治天皇に会いましたが、本来の目的地は日本ではなく、シンガポール、マレーシア、インドネシアへ行くついでに日本へ寄ったのです。

中田　そうだったのですか。実は、あまり知られていないことですけれど、ハーメネイーはア

ホメイニ師の肖像画の前でスピーチするイランの最高指導者ハーメネイー

ゼリー（アゼルバイジャン人）なので、実はテュルク系民族です。

内藤　ハーメネイーはアゼリーだったのですか。私どもの大学にはイランからの留学生も複数いるのですが、トルコ語が分かる学生がたくさんいます。彼らもアゼリーです。アゼルバイジャンはイランと同じシーア派が多い国ですが、言語的にはトルコ語に近いのですね。アゼルバイジャンはこれから非常にキーになる存在です。従来、トルコとの関係を「一つの民族、二つの国家」と表現して友好的だったのですが、エルドアン政権ができてから、アゼルバイジャン側が警戒し始めました。

中田　イスラーム主義化を恐れているわけですね。

内藤　ええ。アゼルバイジャンは世俗的な国ですので、トルコを恐れている。また、イランとは国境がつながっていますから、当然イラン側にもアゼリーはいるわけです。トルコ人の商人は、「テヘランに行くと商売に苦労しない」と言います。それはアゼリーとトルコ語を話しているからで、トルコとアゼルバイジャンは文化的に同質性があるのです。あの辺りの「国」。今でこそ国境で仕切られていますが、民族も宗教も、混ざり合っているのが普通です。そこを自由に行き来できるのが本来の姿ですよね。

中田　逆にイラン人も、今のトルコベルト地帯のどこへ行ってもいます。タジキスタン人もいるのですよね。

内藤　います。

中田　彼らもペルシャ語でずっと通しています。そういう交流ができるので、みんな時々によって顔を変えてうまく商売をするのです。

内藤　アフガニスタンにいるウズベキスタン系の人もトルコ語を話せます。当然、西方の人たちはペルシャ語を話せますし、アフガン・ペルシャ語といわれるアフガニスタンの公用語の一つのダリー語もペルシャ語に近い。ですから、トルコ、イランという枠組みで、新たに大きな連携関係を築いていく可能性はあります。

中田　そういう意味でも、どこともつながるにはトルコしかありません。現状は確実にスンナ派とシーア派の緊張が高まっていますが、歴史的に考えてもここでなんとか抑え込まなければいけません。

内藤　講和を実現する力量があるのはトルコでしょうね。中田先生と話しているうちに、だんだんエルドアンはカリフたりえるかなと思えてきました。ならば、カリフたるエルドアンには、政敵を国家権力で弾圧するようなちまちましたことをせず、もう少し鷹揚《おうよう》に構えないとカリフとしての尊厳が伴わない、と進言したいですね。

イスラーム法の知識を通じた西欧原理との棲《す》み分けの発想

内藤　普段、我々は世界を見る時に地図で示された国境で国を分けていますが、現実の世界はすでにかなり流動化してきました。ヨーロッパもイスラームも多極化が進んでいます。

中田　アメリカも多極化していますから、多種多様な文明圏が共存していく時代に入ったのだと思います。先ほどトルコが今のＥＵの枠組みの中では加盟できないという話がでましたが、イスラームともロシアとも穏やかにつき合っていく一つの単位として、ＥＵも恐らく変わっていくでしょう。逆に言えば、今の枠組みで問題を考えず、「枠組みは壊れていく」という前提に立って考えていかないと意味がないような気がします。

内藤　そうなのです、領域国民国家のシステムは崩壊すると仮定して、価値観の違う者同士の共存を考えていかなければならない。その意味では啓蒙主義がでてくる前のヨーロッパでは、お互いの違いを認めたうえで行う外交講和がうまく機能していたと思うのです。ところが一八世紀の末からヨーロッパでは力で支配しようという動きが強くなって、中東諸国を植民地化してしまう。「力」というのは軍事や政治だけでなく、文明の力も含んでのことです。

中田　その強いヨーロッパが一つにまとまろうと考えた結果、ずれが生じたのが今の問題なわけですが、それを認めようとしないのがまたヨーロッパなのですよね。強引に全部、自分の側の価値でまとめないと気が済まない。イスラームの場合は、相手のものは相手のものでかまわないという考えなので、まずはヨーロッパ側に妥協してもらうところからしか始まらないと思います。ゆるやかな共存が可能なことはオスマン帝国の例がありますから、その遺産を現実と照らし合わせて講和の道を探っていく。お互いが触れられたくないことには触れない、という大人の知恵が求められているのだと思います。一筋縄ではいかないことは明らかですが、とりあえず私はやはりトルコが大事な鍵を握っていると考えています。

＊1　「アラビアのロレンス」　デビッド・リーン監督、ピーター・オートゥール主演の歴史映画。アカデミー賞七部門受賞。第一次世界大戦期の中東を舞台にした、オスマン帝国に対するアラブ民族の独立を支援するイギリス陸軍のT・E・ロレンスの実話に材を採り、活劇的に描いた大作。一九六二年制作。イギリス映画。

＊2　文化大革命　中国共産党主席であった毛沢東のもとで一九六六年から一九七六年まで中華人民共和国で展開された政治的、社会的動乱。「造反有理」のスローガンのもとあらわれた紅衛兵運動や、政治指導者の相次ぐ失脚と毛沢東の権威の絶対化という事態は、多くの犠牲を生んだ。

＊3　「ブラックホーク・ダウン」　リドリー・スコット監督。アメリカのクリントン政権は一九九三年、内戦のソマリアに兵士を派遣し、敵対するアディード政権の本拠地への奇襲作戦のため特殊部隊を投入する。しかし、予期せぬ逆襲に遭い、ヘリコプターのブラックホークは撃墜され敵地で米兵たちは孤立してしまう。二〇〇一年制作。アメリカ映画。

＊4　ドナルド・トランプ　一九四六年生。実業家。不動産会社トランプ・オーガナイゼイション会長、トランプ・エンターテインメント・リゾーツ創立者。二〇一六年アメリカ大統領選挙共和党候補者の一人。メキシコ、移民、難民、イスラームへの差別的な言動が相次ぐ論争的な存在。

＊5　ムハンマド・ムルシー　一九五一年生。一九七五年カイロ大学工学部を卒業後渡米し、南カリフォルニア大学で工学博士号取得。帰国後イスラーム主義組織ムスリム同胞団議員団の団長に就任。二〇一一年、「アラブの春」でムバラクが失脚すると、その後の大統領選によりイスラーム主義者として初のエジプト大統領に就任するが、二〇一三年の軍事クーデターで失脚。収監され、二〇一五年六月死刑判決を受けている。

＊6　サウジの王族逮捕　二〇一五年一〇月、サウジアラビアの王子がレバノンの空港で、二トンの麻薬所持で逮捕。サウジアラビアにおいて麻薬所持は極刑ということもあり、王家の威信は大きく揺らいでいる。

＊7　神聖ローマ帝国　九六二年のオットー一世の神聖ローマ皇帝戴冠から一八〇六年まで続いたドイツ国家。

＊8　アズハル　カイロにある大学。九七〇年設立。シーア派のモスクに併設されたマドラサに由

来する、世界最古の大学の一つ。伝統的なイスラーム研究の中心。一九六一年、国立大学に。

＊9　アルメニア人虐殺　オスマン帝国当時、一九世紀末〜二〇世紀初めにかけて、強制移住、虐殺によって多くのアルメニア人が死亡した事件。一説に一五〇万人が犠牲になったと言われる。

＊10　ギュレン運動　トルコのイスラーム運動ヌルジュの分派。一九六〇年代末に始まった、フェトフッラー・ギュレン師を精神的リーダーとする穏健な市民団体とその運動。ヒズメト（奉仕）運動とも。イスラーム思想を基盤としつつも、世俗的政治権力にも妥協的で、テュルク系民族の多い中央アジア諸国を中心に民主主義や人権を掲げて国際的活動を展開。ＡＫＰとも長年協調していたが、二〇一三年以降、政権との対立が激化した。

＊11　アフメト・ダウトオウル　一九五九年生。ＡＫＰ（公正発展党）党首。二〇一四年より首相。

＊12　スハルト　一九二一年生〜二〇〇八年没。インドネシア第二代大統領。一九六八年から一九九八年まで大統領にとどまり、開発独裁を展開、国内政治の腐敗を招いた。

＊13　ロヒンギャ迫害　ミャンマーのエスニック・グループ。イスラームを信仰するが、仏教徒からの差別と迫害に遭っており、多くの難民が出ている。

＊14　ボコ・ハラム　ナイジェリアのサラフィー・ジハード組織と言われる。正式名称は「宣教とジハードのためのスンナ派集団」。「ボコ・ハラム」は通称であり、実態は不明な部分が多い。ナイジェリア政府の打倒、イスラーム法の施行、西欧的な教育の否定を標榜。キリスト教徒のみならず、ボコ・ハラムに批判的なムスリムも攻撃し、誘拐を繰り返している。

＊15　ダルフール紛争　二〇〇三年、スーダン政府軍による非アラブ系の黒人虐殺をきっかけに起こったとされる内紛。スーダン政府はアラブ系による虐殺行為を黙認しているとされ、国際刑事裁判所は大統領を告発し、逮捕状が発行されている。

＊16　アルジャジーラ　カタールのドーハに本社をおく、アラビア語と英語による二四時間放送のニュース専門衛星テレビ局。

＊17　アリー・ハーメネイー　一九三九年生。イラン・イスラーム共和国第二代最高指導者。一九八一年から大統領を務め、一九八九年ホメイニ師の死後、後継に選出された。

第四章

日本がイスラーム世界と向き合うために

1935年に建設された日本で最初のモスク。神戸ムスリムモスク

日本の難民受け入れの貧困

内藤　本書ではヨーロッパ諸国が異質な者を嫌って排除する傾向について話をしてきましたが、これは日本人もほとんど同じです。外国人観光客なら笑顔で大歓迎しますが、難民の受け入れとなると非常に排他的な対応になります。シリアの内戦が始まって以来、六〇人のシリア人が日本で難民申請をしていますが、申請が許可されたのはたったの三人。二〇一四年の難民申請者は全体で五〇〇〇人ですが、政府が認めたのはわずか一一人。受け入れ比率約〇・二パーセントという数字は、経済協力開発機構（ＯＥＣＤ）加盟国中で最低水準です（ドイツは四二パーセント、フランスは二二パーセント）。

受け入れたあとの差別や貧困といった問題があるものの、欧州諸国は多くの難民を受け入れているのに対し、日本ではそれ以前に扉を閉ざしてしまう。シリアから遠い日本という国をわざわざ選んで逃げてきた人に面倒なことを言わず、即座に助けたらどうでしょう。彼らは移民ではなく難民なのです。ベトナム戦争の時は当時「ボートピープル」と呼ばれた難民を一万一〇〇〇人以上受け入れたこともありました。日本政府は難民の受け入れには、今のところなんの政策も打ち出していません。シリア内戦による犠牲者、膨大な数の難民がでていることは、文字どおり、最悪の人道の危機と言ってよい状況です。資金援助はいろいろと行っていますが、経済力の大きさに比べてあまりに責任を果たしていません。

中田　そうですね。リトアニアで領事代理として、外務省の指示に逆らい、ナチスに迫害されるユダヤ人らの難民にビザを発給し、約六〇〇〇人の命を救った杉原千畝《ちうね》は良い例です。

中東とイスラームへのリテラシー欠如が招くリスク

内藤　安倍首相は、二〇一五年の一月には中東諸国を歴訪し、人道支援やインフラ整備などに総額二五億ドルの経済支援を表明しました。首相はカイロでの演説で「イラク、シリアの難民・避難民支援、トルコ、レバノンへの支援をするのは、ISILがもたらす脅威を少しでも食い止めるためです。地道な人材開発、インフラ整備を含め、ISILと闘う周辺各国に、総額で二億ドル程度、支援をお約束します」と発言しました。

ISがこの発言を邦人人質の身代金要求に使いました。この発言のせいで、人質問題が最悪の事態になったという批判がずいぶんありました。演説の挙げ足を取ったISに非があることは当然。ただそれにしても不可解なところがありました。トルコやレバノンにとって深刻だったのは、ISではなく主としてアサド政権による国民への殺戮から生じた難民の問題でした。

それに、最後のところ、ＩＳＩＬと闘う周辺各国に二億ドルと言っていますが、どの国のことだったのか？　その前のところで、トルコ、レバノンという具体的な国名を挙げていますよね。この二カ国のことでしょうか？　でも、発言のあった時点で、トルコもレバノンもＩＳとの戦闘はしていなかったはずです。日本が二億ドルも拠出するという以上、どの国に対しての話なのかを明確にすべきだったのではないでしょうか。ＩＳは日本のことをどこまで知っていたのでしょう。

中田　どうですかね。中東全体としては、いまだに、あまりよく知られていないというのが実態ではないでしょうか。ただ、ＩＳは日本の皆さんが考えている以上にリテラシーが高く日本の動向をしっかり監視しています。ネットに配信されるニュースは翻訳ソフトで読めますし、リアルタイムで状況は伝わっていると考えていたほうがいいでしょう。内藤先生が言われた安倍首相の中東訪問までは、有志連合参加国の一国としてＩＳの敵国リストには入っていたものの、ＩＳは特段、日本を敵視していなかったのですが。

内藤　ＩＳ側は人質を脅迫する映像を流し、身代金として首相が「支援する」と言ったのと同額の二億ドルを要求しました。この映像の要求に対する首相の声明の映像としての出し方も、私には理解できませんでした。「卑劣なテロはいかなる理由でも許されない。断固として非難する」という趣旨の発言でしたが、イスラエルの国旗を映り込ませる映像を使っていました。中東におけるイスラエルの存在がどんなものなのかを考えれば、わざわざイスラエル国旗と一緒に映す必然性はありません。その後も、ヨルダンに現地対策本部を置いたことを公表し、政治家である中山外務副大臣を現地に派遣しました。現地対策本部をどこに置いたかなど、まったく明らかにする必要のないことで、情報収集は官邸に一元化したとだけ言えばよかったはずです。おかげで、マスコミは、まるで永田町でやるように、カメラの放列と共に外務副大臣を取り巻いて取材する。そして同じく人質問題をかかえるヨルダンもこの事件に巻き込んでしまったのです。このあたりのやり方も、人質の命を優先するのであれば理解できない対応でした。

一方、たとえばトルコは、イラク北部のモスルで二〇一四年六月にＩＳに人質にとられたトルコ総領事館の職員ら合計四九人全員を、九月に解放させました。トルコ政府は人質の安全を理由に、なにをしていたか一切公表していません。アメリカによる軍事作戦への参加要請も、その時点では拒んでおり、南東部のインジルリク空軍基地を空爆出撃には使用させない方針をたてるなど、慎重な対応で臨み、情報機関ＭＩＴがＩＳと交渉のうえ解放させています。

そして、残念ながら人質にされた後藤健二さんと湯川遥菜さんは処刑されてしまいました。

その後もバングラディシュで農業援助をしていた日本人男性がＩＳの同調者に殺害されるなど、ＩＳの脅威は日本人に及んでいます。安倍首相を名指しで、「場所を問わずにお前の国民を殺戮する」というメッセージがＩＳから送られていますし。

中田　そうですね。本書で指摘してきたとおり現実には、シリア難民の発生の主たる原因はアサド政権にあり、ＩＳが出来るより前に一〇〇万人単位の難民が周辺諸国に流出していました。ところが安倍首相は、ＩＳによって発生した難民を助け、ＩＳと戦う後方支援のために、といった出鱈目《でたらめ》な論理で、エジプトやヨルダンなどの親イスラエルの国への支援を発表し、しかも日本人の人質の解放要求にあたって、最悪のパフォーマンスをしたわけですから、わざわざ日本を「テロ」の脅威にさらすような愚かなふるまいをした、と謗《そし》られても仕方ありません。

しかも、「あらゆる策を講じている」といいながら、ＩＳに対して、アラビア語や英語ではなく日本語だけの回答を送っていたとあっては呆《あき》れてものも言えません。

日本の「国家主義」の欺瞞

内藤　安倍政権は国家主義を強調しているように見えるのですが、日本の現在の国家主義は偽りだと思っています。国民が窮地に陥った時、それが一般の人間だと日本政府は極めて冷淡な態度をとる。ISの人質が企業のトップや政府の要人だったら、同じように「テロ国家に金は払わない」という態度を示せたでしょうか。国家主義は、国民を選り好《えごの》みしては成り立ちません。

フランスという国は国家主義が恐ろしく強烈ですが、ある意味、さすがです。ジャーナリストがISに捕えられましたが、なにをどうしたかは一切語らず、解放に成功しています。フランス政府にとっても、勝手にシリアに入り込むジャーナリストなど面倒で邪魔な存在でしょう。しかし、一旦、国民が窮地に陥ったら、ごちゃごちゃ言わずに救出に全力をあげる。金を払ったか払わなかったか、そんなことも一切黙って、救出する。それでこそ国家主義というものです。

中田　二〇〇四年にイラクで三人の日本人市民活動家がムジャーヒディーン（イスラームの戦士）の人質になった時に、日本政府は彼らが捕まったのは「自己責任だ」として非難し救おうともしなかったのに対し、アメリカのパウエル国務長官は、「より偉大な良い目的のために我が身を危険にさらす覚悟のある市民がいることを日本人は誇りに思うべきだ」と市民活動家を称賛しました。良くも悪くも自国民を守るのが、欧米のナショナリズムです。日本の政治家には、こうしたナショナリズムすらなく、あるのはただ支配階級の利益を守るエタティズム（国家主義）だけです。

劣化したナショナリズムの台頭

中田　安倍首相の言動は確かに問題がたくさんありますが、私がもっと大きな問題だと感じているのは、むしろ安倍首相の言動が日本で支持されていることです。

内藤　そうですね。やはり、国家の指導者やその支持者が急速に一つの方向に傾斜していくような気がします。東アジアも含めてすべてが危うくなっていくと恐いですね。

中田　可能性がないとは言えません。というより、すでに中東は戦争になっているわけですから。

内藤　日本の場合、今のところ、気に入らない相手を殴るところまではいっていませんが、「気に入らなければ殴ってもいい」という声が支配的になるとほんとうに殴るかもしれません。我々の世代は、「相手を殴ったら目も当てられない結果になる」ことを親の世代から嫌というほど聞かされたのですが、いつの間にか「脅されて戦わないのは弱腰だ」「実際に攻めてくるから戦わなければいけない」という方向に流れているように思います。

中田　そうですね。

内藤　ヨーロッパと同じように、日本にもナショナリズムが台頭しています。ただ私は、本来の意味での国粋主義的なナショナリズムではないのではないかと思っているのです。いわゆるネット右翼、「ネトウヨ」と呼ばれている人たちは、別に右翼ではないのだろうと。単に、彼らの頭の中にある仮想的な日本という国に敬意を払えと主張しているにすぎない。その価値観の頂点にいるのが今の安倍政権ではないかと思うのです。

安倍首相は靖国《やすくに》神社に参拝し、「美しい日本」「強い日本」と古典的な国粋主義者のような発言を繰り返していますが、それならなぜアメリカに追従しているのでしょう。だいたい新たな安全保障関連法制で日本の国防の要である自衛隊を、地理的な制約を外して世界のどこかで米軍に協力させるなど、国粋主義者ならできないことだと思います。安保法制の議論で、ホルムズ海峡のように中東の地名が出てきた時、強い違和感を覚えました。

中田　ええ。しかし、現実問題として経済的な地位も活力も違うので、日本は戦争などできませんね。経済の力もどんどん落ちている今、日本は戦争どころではありません。万が一経済力をもっていたとしても、戦力となるべき若者は老人の介護に追われ、やはり戦争どころではありません。

内藤　そのほうがずっと現実的な問題ですね。国力の点でも、社会的な状況からも、日本は戦争をする余裕はまったくない。

自衛隊員の死活を左右するアメリカの政治動向

内藤　つい最近、ある会合で自衛隊の幹部と出会ったので、少し話をしました。私は自分が今回の安保法制に反対であることを述べて、理由をこう説明したのです。「アメリカの場当たり的な中東政策は、今まで成功したためしがない。その米軍が、再び、中東・イスラーム世界に介入を試みた時、日本が自衛隊を派遣すれば、その場当たり的な政策の犠牲となる危険がある」と。

彼はこう言うのです。「我々の唯一の懸念は、戦死者が出た時に、それが無駄死にだという世論が日本の中に起きることで、もしそんなことになったら私は立つ瀬がない」と。その気持ちは幹部自衛官なら当然ですし、私にも理解できます。しかし、そう思うなら、アメリカが中東でなにをしてきたか、その結果、どういうことが起きたかをもっとよく知ったほうがいい、と私は言いました。

そもそも日本では、根拠もなく始められたイラク戦争に関する総括もまったくなされていません。二〇一五年一〇月にイギリスのブレア元首相はＣＮＮのインタビューで、「我々が受け取った情報が間違っていたという事実を謝罪する」と公式に謝罪を述べました。イラク戦争でアメリカ軍が行った作戦がどんなものであったか、戦闘に無関係な人間がどれだけ亡くなったか、帰還した米兵の自殺率が極めて高く、毎年二五〇人以上が命を絶っていることなどもまるで知られていません。これでどうして自衛隊員を出すことができるのでしょうか。

日本はトルコのふるまいからも学ぶべきところがある。NATO加盟国で対IS有志連合の一員でありながら、集団的自衛権なんて一言も言わずにのらりくらりとアメリカの要求をかわしてきた。中東の秩序が大国によって破壊されることを嫌というほど知っているからです。シリアとは九〇〇キロ以上の国境で接していて、人や物が行き交う状況で軍事力を行使するリスクをトルコはよく分かっているのです。そもそも、国境はあっても、物も人も情報も行き来するのが常態としての中東なのです。外からやってきて、テロリストの行き来を止めろとアメリカは言い、難民の流出を止めろとEUが言う。現実の秩序維持のために、トルコ政府と軍が、なぜ軍事力を振りかざさないのか、そこには経験から学んだ現場の知恵というものがある。トルコのヤシャル・ヤクシュ元外相と話した時、彼が「日本にしかできない紛争抑止はソフト・パワーを用いることなんだ」と言っていました。中東の人たちは、もうこれ以上、外国の軍隊など見たくないはずです。

現実問題として、今日本はアメリカに追従しているわけですから、戦闘が激化している地帯へ送られるリスクを負うことになるでしょう。自衛隊がすでに基地を置いたジブチ[*1]にしてもいつまで落ちついているか誰にも分かりませんし、内戦で治安が最悪の状況の南スーダンなどに駆けつけ警護[*2]などで派遣されたら、なにが起きるか予測もつきません。

中田 そうですよね。自衛隊員も、南スーダンで死にたくないですよね。

内藤 国民の安全を守るために自衛隊に入ったのに、なぜ、南スーダンなのだと当然思いますよね。しかも、日本は軍法をもっていませんし、なにもかも未整備でしょう。そんな自衛隊が、国際法など知らない組織、国際人道法のルールも無視するような勢力がいる地域に派遣される可能性はゼロではないのです。そんな勢力に対して「こちらは後方支援だ」といっても通用するわけがありません。これこそ「平和ボケ」と言わずしてなんと言えばいいのでしょうか。

中田 アメリカに追従しているのは、今や日本だけになってしまいましたね。

内藤 ほんとうにそうですね。しかも、もうアメリカは世界の覇者でも世界の警察でもありません。アメリカの一極支配が崩れ、それに伴って世界が多極化、不安定化している時に、日本だけが突出してアメリカにすり寄っている。この状況だけを見ても、日本政府は世界が見えていないと思います。

中田　世界が見えていないまま、アメリカに背中を押されて困難な状況の中に入ろうとしているのが今の日本ですが、このまま首をつっ込むとたいへんなことになりますから入らないほうがいいのは間違いありません。

内藤　今の先進国を見渡すと、まともなのはカナダぐらいじゃないでしょうか。この間トルドー[*3]が勝って、もう有志連合を脱退して、ＩＳの攻撃から手を引くと言っているし。アメリカと同じような来歴の移民国家なのにまるで違う。同盟関係にあったとしてもそういう選択肢もあるのに……。ある意味、日本は鎖国状態に戻っているわけで、基本的に国を閉ざして、アメリカだけと組んでいる。

中田　確かにそうですね。アメリカに向けて開いた出島からしか世界を見ていないので、視野が狭い。オランダがアメリカに代わっただけで、歴史は繰り返されるというか、日本はあまり変わっていないのですね。ただ、追随する相手がアメリカというのは、ロシアや中国よりはずっとましだとも言えます。

内藤　それに今は、オバマの民主党ですから、地上軍を送ることには極めて慎重です。しかし、二〇一六年の大統領選挙で仮にヒラリー・クリントンが大統領になったら、強いアメリカを再現しようと軍事力の行使に積極的になるかもしれません。共和党が政権を取ったらさらに危ないですね。万が一ドナルド・トランプが大統領になったら「一緒に死んでくれると約束しただろ」と言い出しかねない。アメリカがなんと言おうが武力での協力はしないことがいちばんですね。武器を持って出て行ったら、戦後の日本が歩んできた道が台無しになります。

中田　まったくそのとおりですね。少し前まで、日本はイスラーム世界から見ても、世界の中でかなりいい位置にいたと思うのです。ヨーロッパからもアメリカからも遠く離れた場所で、どこからも距離をとることができた。アメリカと中国という、いちばん身近にある巨大な二つの国とのバランスをとり、そして中東には巻き込まれない。これがおそらく、いちばん正しい生き方だと思います。

弾圧の主体を支援するな

内藤　ところが日本はアメリカにくっついていきながら、中央アジアの独裁国家や軍事政権のエジプト、イスラエルに接近しています。アメリカが手を焼き、イスラエルから離れている状況にもかかわらず。これではほんとうに世界の動きが見えていない。政府も産業界も、イスラエルの軍事産業との関係を緊密にしようとしている。今の政財界の主流はそれがアメリカの意向に沿っていると思っているのかもしれませんがこれは危険です。こうしたことが拡大していくと過激な人間ではなくても、世界のムスリムの日本へのイメージは悪化していくでしょう。

中田　ほんとうにそのとおりです。二〇一五年一二月、ギリシャ国会がパレスチナを国家承認しましたが、二〇一四年以来、ヨーロッパではパレスチナ承認の動きが加速化しており、内藤先生がおっしゃるとおり、オバマ政権もネタニヤフ政権を見限りつつあります。ところが日本だけがこの動きに逆行し、武器商人に身を落としてまでイスラエルにすり寄ろうとしており、親イスラエルのエジプトやヨルダンを支援し関係を深めようとしています。

パレスチナ人への不正な人種差別主義的政策を推しすすめるイスラエルとの関係を深め、またイスラエルに同調するエジプトなどアラブの腐敗した抑圧的政権を支援することは、アラブの民衆だけでなく、欧米「民主主義」諸国からも軽蔑のまなざしを向けられることになりかねない愚かな選択です。

地球全体を俯瞰《ふかん》する感覚が失われてしまった

内藤　数年前まで、日本の若者が内向きだという議論がありましたが、現実には大人も含めて内にも外にもしっかり向き合っていませんね。今特に目立つのは、外交力の低下です。国家というものは、隣国同士であっても、いや隣国であるがゆえに、そもそも対立しやすいわけですから、敵対されず友好関係を保つための外交こそ、知恵も知識もテクニックも必要とされます。日本は、戦後一貫して、できるだけ敵視されないように外交を展開してきたはずです。ひどく受け身のように見えますが、今のように世界秩序が混迷に陥った時代にこそ、敵対する国を減らしておかないと、資源や食糧を自給できない日本は窮地に追い込まれるリスクが高まります。

集団的自衛権を容認する新たな安全保障関連法案をなんとしても成立させたかった安倍首相は、会見で「ホルムズ海峡での機雷掃海は個別的自衛権ではできない」と発言していましたが、そもそもホルムズ海峡に誰が機雷を撒《ま》くのですか。イランとサウジアラビアの関係悪化は深刻な問題ですが、それでも双方ともホルムズ海峡を通らなければ石油を売ることはできません。

中田　ホルムズ海峡での機雷の件では、さすがにイランから抗議されていましたね。

内藤　そうでした。ここ数年、授業をしていて恐ろしいと思うのは、学生がまったく地理を知らない。高校で世界史が必修化され、地歴の中で地理を選ぶ生徒が減り、教える学校も減ってしまった。昔の小学生のほうがまだ地理を知っていたと思えるレベルです。かつては学校や家、身近なところに地球儀がありました。安倍首相自身「地球儀を俯瞰する外交」と言っていますが、政治家、行政官、ジャーナリスト、そして市民もまた地理的な感覚、世界の空間的認識が不足しています。今はネットで簡単にどこの地図も見られるのですが、日本人の世界認識は確実に衰えています。イランがあって、ペルシャ湾があって、サウジアラビアの南にイエメンがあり、北では隣国イラクからシリア、レバノンとシーア派ベルトができると言っても、瞬間的にその地域の地図が思い浮かぶ人はほとんどいないでしょう。

第一章で触れた難民問題でも、難民たちが通ってきたギリシャ、セルビア、ハンガリー、そしてドイツという国々がどんな位置関係にあるかなんて、ほとんどの日本人は把握していないでしょう。知らないままでいるから、その前の段階でトルコが二六〇万もの難民をかかえているということも、おそらく想像できないし、その隣にシリアがあって、その内戦がどんなことになっているかということも想像できない。個々の事実がばらばらに切り離された形で報じられたとしても、それらがどうつながっているのかということはまったく認識されない。そこへロシアが介入してきた、となると、ますます理解を超えてしまう。

中東、イスラーム専門家養成に必要なこと

中田　今回内藤先生とお話ししてきたことに即して申し上げると、イスラーム世界で問題が起きた時、その対策を考えられる専門家がほとんどいません。イスラーム諸国に送る大使にしても、その国、その地域の専門家ではない人が多い。外務省にはアラビストもいますが、それも

ただアラビア語が分かるという程度の人が少なくないのです。

内藤　言語別の専門家として育てていることは悪くないのですが、たとえば中東といっても、アラビア語、トルコ語、ペルシャ語と大きなくくりで三つの言語・文化の世界がある。全体を俯瞰できるように複数の言語を使える外交官はまずいません。大学院などに留学させてはいるようですが、せいぜい修士号までですよね。

中田　そうですね。ほんとうはドクターを取らなければいけませんし、それでないと大使になれないぐらいにしないと世界的にも通用しないのです。これは当たり前のことですし、それをしないとますます日本の外交認識がずれたり、半世紀遅れの状況把握になってしまうのです。

内藤　この問題は、もちろん外交に限りません。ジャーナリストや私たち研究者も同じ問題をかかえています。イスラーム世界の専門家を育てるためには、最低どれぐらいの期間が必要ですか？

中田　修士論文、博士論文のような学術論文を書く以前に最低限アラビア語とイスラームの基礎知識習得だけでも四年はかかりますね。アラビア語を習得し、しかも現地を知るということを考えますと。我々が学生だった時代はイスラーム圏に行く留学生は多かったですし、みんな少なくとも二年は行っていました。しかし今は、公的な長期留学制度はなくなり、奨学金もありません。

内藤　イスラームというかアラブ世界の専門家に限らず、この二〇年ぐらいの間にロシア専門家、研究者も減ってしまいましたね。大学でのロシア語選択者も激減しています。ロシアが外の世界になにかを仕掛けたりする時、今まさにシリアにロシアが介入しているわけですが、こういう時に、中東側だけでなく、当然、ロシアの中東政策について説明できる専門家が必要なのですが、ほとんどいない。

中田　先日、内田樹先生から伺った話では、ドイツ研究者も少なくなってしまったそうです。

内藤　そういう意味で言うと、あらゆる地域研究が衰退に向かってしまった。もう一つ、これはもとからあった問題ですが、アラビア語を勉強する人はトルコ語を勉強しないですし、トルコ語を選ぶ人はペルシャ語を学ばない。これでは歴史的な関係性もよく理解できませんし、現在の中東地域にある主要な文化的要素を研究者同士がお互いにすべて知っているなどということもありえない。

ではこの問題を解消するために大学で枠を超えた教育ができるかといえば、これも難しいのです。「中東の言語を学ぶ際に、アラビア語とトルコ語とペルシャ語は必須である」などと言ったら、学生は誰も来ません。単独の言語、たとえばロシア語にしても、すでに初修外国語の選択としては危機的な状況にあります。
　もちろん我々教える側にしても、外国のことは限られた範囲でしか知りませんが、とりあえずある地域の言語、文化を深く学べば、同じようにほかの地域について専門に研究している人たちと濃度の高い情報交換が可能です。お互いの間で情報を共有し合い、国際間の問題が起きた時は協力して解決法を探ることもできる。しかし、そういうことがどんどんできなくなっていますよね。
中田　そうですね。学際的な対話の場すら、あまりなくなっていますから。
内藤　おっしゃるとおりです。我々、教育とか研究に携わっている側も、あらゆる意味で現代の状況に対応できなくなっている。日本では「応用の学問だけではなく、基礎の学問も必要だ」と口では言うものの、気づいたらどちらも衰退していたという感があります。外国研究に関しては、国際関係論など理論的な学問の蓄積はそれなりに残ってはいるでしょうが、圧倒的に地域研究の蓄積が薄かったのではないかと思っています。
中田　まあお粗末なのはイスラームに限らず人文系の学問全体に及ぶ話ですよね。その傾向自体はアメリカが始まりで、周回遅れで日本に達している。今ほんとうに、日本の学問はいろんなところでもうだめになっていますね。これで国立大学では人文学を縮小していくというのですから……。

内藤　そもそも国立大学への運営費交付金の削減は東日本大震災の前からやっていたのです。ところが今では、人文学系を縮小しろとか統合しろという話になっている。国立の大学から人文系の非常勤講師が大幅に削減されるという大惨事が現実のものとなりつつあります。

中田　えーっ……。

封印されていた「地政学」の復活

内藤　最近一つ気になることがあるのですが、「地政学」という言葉が今非常に安易に使われていますね。この言葉を最初に実践的に使ったのはナチス政権下のドイツで、原語はゲオポリティーク（Geopolitik）。それが日本で地政学と翻訳されたのです。地理的な条件と政治を絡めて使う言葉ですが、ドイツで最初に使われた時はもっと違う意味を帯びていました。

たとえば日本列島があります。地図を見ると分かりますが、日本列島の南端からさらに南下してマレー半島、インドネシアに至るまで、地形的につながりが見える。日本とつながっているじゃないか。しかし、地形的にひとつながりだからといって日本が南に軍隊を進め、マレーシアやインドネシアを支配していい、あるいは日本人の食糧や燃料を生産する拠点と位置付けていい、ということにはなりません。当たり前のことです。しかし、ドイツから入ってきた当時、「地政学」はこのような意味で植民地支配の似非《エセ》学問的裏付けに使われました。

中田　生存圏の話ですよね。

内藤　生存圏は、ドイツ語でレーベンスラウム（Lebensraum）と言います。実はこの言葉は、ドイツが近隣諸国を侵略する時にも使われました。英仏と違って植民地をもっていなかったドイツは、無理やり支配の理屈をつけるわけです。ドイツが帝国として生きていくために、周辺地域は食糧を生産して我々に供給すべきであると。その発想が遅れてでてきた帝国主義になり、ナチスを誕生させ、ドイツを狂気に導いた。つまり地政学は、覇権を争う大国がどことどこになにがあるからこうなる、という話をあたかも科学的合理性があるかのように見せて、自らの狂気の支配を実現するためにつくった用語なのです。

日本では戦後になって地理学者が地政学という言葉も学問自体も封印しました。我々が学生だった時は、「地政学」という用語は一種のタブーだったのです。ところが、どうもこの頃よく見聞きします。しかも、元の意味やその恐ろしさを知ったうえで使っているのか疑問を抱かせる使い方が目立つのです。

中田　確か私がまだ学生だった頃に、『悪の論理－地政学とは何か』（倉前盛通、日本工業新聞社、一九七七年）という啓蒙書が世にでてきて、それから一気に広がりました。

内藤　そうです。

中田　タイトルにも書いてありますから、もともと悪の学問なのですね。その時点でも確か、そういう認識は共有されていました、地政学という恐ろしい学問があると。それが一時封印されて、また復活しつつあると……。

内藤　今や知識人を名乗る人たちが、なんの恥じらいもなく地政学を語っている。しかし、あの言葉がもっていた恐ろしさは、もはやなにも記憶に残されていません。もともとは日本にバイエルンの軍事顧問として滞在したことのあるハウスホーファー[*4]という人が、地政学の誕生に大きな役割を果たしています。日本語にも翻訳された『太平洋地政学』（太平洋協会編訳、岩波書店、一九四二年）という本は、大東亜共栄圏をあたかも科学的な裏付けのある話であるかのように見せるうえで貢献しています。

中田　日本政府はそれを真に受けたのですね。

内藤　ある種の御用学者の御用学問というのは、こんなふうにでてくるのです。私はいまだに地政学という言葉を使いたくありません。昔習ったことが頭に残っているものですから。なんの疑問もなく「地政学」と言ってしまうことによって、たとえばロシアの中東への覇権にせよ、アサドの正当性にせよ、一種の陰謀説みたいなものを合理化してしまう。それが似非合理性かもしれない、という批判を学者は続けないといけない。「地政学」というのは、悪だくみを正当化するレトリックに組み込まれるものですから、今のように中東・イスラーム世界が大混乱に陥ると、必ず各種の「地政学」が現れる。あそことあそこをくっつけて、こっちと戦わせると、どういう漁夫の利が得られるか――そういう悪だくみを隠すために、もっともらしい理屈をこねる時に使われるものです。

衝突と犠牲を減らすために必要なこと

内藤　世界が不安定になると、必ずでてくるのが陰謀論ですね。しかも、それを振りまいているのは「学者」を名乗る人物だったりするので困ります。学者や専門家、研究者と呼ばれる人が根拠を捻《ね》じ曲げて社会の危機意識を煽ったり、世の中の空気に一緒に乗って騒いでしまうとどうしようもない。

中田　そうですね。今言うべきことは「みんな頭を冷やせ」しかないですよね。現実をしっかり見ましょう、と。

内藤　ほんとうに、なにがおかしいのかを明らかにしたうえで、「頭を冷やせ！」と言うしかないです。現実社会が秩序を保っている時なら、極端な陰謀論も笑って聞けるかもしれません。しかし、現実がここまで危機に瀕している今は、絶対に陰謀論を振りまいてはいけない。今世界で起きていることが、陰謀だか現実だか分からなくなってしまうからです。まずは頭を冷やして現実をとらえ、そこからなにができるかを考えていくしかない。

それにしても、これまで話してきたとおり教育機関でも貧寒とした状況なのですから、一般のレベルでムスリムと共生するリテラシーが備わっているかというと、残念ながらまだまだですね。ただでさえ、日本人のイスラーム無知につけ込んだハラールビジネスがもてはやされたり、さまざまなメディアが「日本でテロは起きるか」といった煽情的《せんじょうてき》な特集を組む。

先日ある授業で私は「〝共生〟という言葉を、相互理解への期待をこめた意味で使うのは限界に達したと考えている」と話しました。本書のテーマになりますが、これまで私は「異文化との共生」とか「多文化共生」という話をしてきました。ですが、イスラームとの共生については、一旦これを保留すべき時にきたと感じるのです。

むしろ、西欧社会とイスラーム社会が、なにを受容できて、なには受容できないかを互いに洗いざらい出すことから始める必要があるのではないか。そして日本も西欧社会の原則を踏襲していくのならばこれは避けて通れないことです。

しかも、西欧社会は、国家によって構成原理が異なっていますから、一度は領域国民国家の原理・原則を見直さなければなりません。そして、これはムスリムの側も同じ作業が必要です。

そのうえで、最低限、相手の身体を傷付けたり命を奪ったり、根底的な価値観を誹謗《ひぼう》せずに、どこまでの妥協なら可能なのか、あるいは不可能なのか、それを洗い出して検討する作業を開始しないと、ヘイトクライムといったミクロの領域でも、国家間の戦争といったマクロの領域でも、もはや世界での衝突を止めようがなくなります。また、ＩＳに類するものに対して有効な治療法を確立するためにも、このプロセスが不可欠でしょう。

これに関連して必要性を感じるのは大学の法学部がイスラーム法の講座を始めるべきだということです。それが無理ならせめて講義を。この分野はまだ、ごく少数の大学にしかありません。中田先生のお話からも分かるとおり、イスラーム法学者をすぐに養成することはできませんが、少子高齢化で遠からず年間二〇万人の移民を受け入れないと労働力が追いつかないという状況下で、インドネシアやマレーシアといったイスラーム世界から来た人との関係を良好に保つためには、こうした文化的な用意が不可欠ですし、速やかに着手しなければ手遅れになりかねません。

中田　「領域国民国家の原理・原則」を見直すということを内藤先生がおっしゃいましたが、

ほんとうにそうですね。これはいつも申し上げていることですが、私はやはり構造的なものの認識が大事なことだと思います。領域国民国家といいますか、この際、領域も国民もとっぱらってみますが、現在のほとんどの問題の根源は国家の偶像化なのですね。国家が神になって、人々がすべてを国家に頼りきりであるという状態。これこそが最大の問題だと考えています。

物神リヴァイアサン（国家）崇拝を頂点としてイスラーム世界に蔓延しつつある偶像崇拝の最も醜悪な形態が、ハラール認証ビジネスです。ハラール（許されたもの）、ハラーム（禁じられたもの）とは、アッラーとその預言者ムハンマドが『クルアーン』と『ハディース』の中で明らかにしており、『クルアーン』と『ハディース』に照らして、一人一人の信徒が直面する現実の個々の事象の善悪を判断すべきものであり、預言者の没後は、何かがハラールである、ハラームである、などという判断を他人に押し付けることは、自己神格化、最悪の偶像崇拝であり、誰にも許されることではありません。事実、正統カリフ以降、オスマン朝にいたる歴代カリフたちであれ、四大法学祖をはじめとするイスラーム法学者であれ、カトリックの教会の免罪符にも匹敵するそのような瀆神《とくしん》行為を犯した者は誰もいませんでした。

ところが、リヴァイアサンの偶像崇拝に染まったマレーシアや、インドネシアなどの利権屋たちが、ハラール認証のない商品の売買を禁ずることでハラール認証を利権に変えるビジネスを思いつき、金で魂を売りはらい、アッラーに代わって自分たちでハラールとハラームを決めるという自己を神とする最悪の偶像崇拝を人々に押し付けているのが今日のハラール認証ビジネスです。近年では利権の匂いをかぎつけて、日本の官公庁までが、これらの東南アジアの利権屋たちと組んで、ハラール認証ビジネスに参入しつつあるのは、嘆かわしい限りです。

一方で、イスラームというのはもともと神に頼りきる宗教ですので、これと対極にあるものなのです。現在、民主化運動では「弱者の切り捨てはいけない」というわけですけども、ではどうするのかというと、「国家が助けろ」ということになります。国家とはなにかと言えば、結局、国民から税金を収奪することで成り立っているのです。ですから、国家がどんどん膨れ上がって、人間・個人はやせ細っていく。ソ連や共産主義は、個人のものはゼロである、国家が全部持っていてそこだけで分配するという、極端な方法を採りました。そこでは国家と神は同系のものとされているのですが、その超越性がなくなってひたすら世俗化しているということです。それが今の問題であると。

そして、皆さん「生命が大切だから長生きしましょう」などと言いますが、長生きしても結局は死ぬわけですよ。それなのに、若者が老後の心配とか言って、七〇歳になった時私はどうやって生きていくんだろうと心配している（笑）。

今生きていることが重要だってことが見えなくなってしまう。それも、現代日本がかかえている根本的な問題ですね。やはり国家が介在する部分がすごく大きくて、国家が神の代わりになっていて、それに頼ればなんでもできると思ってしまう。それが国家をますます肥大させる。これこそが偶像崇拝ということであって、本来であればすべての宗教はそういうものを中和するメカニズムをもっていたはずなのですけども、それが全部国家に取り込まれてしまって、失われていった。それにまだ抵抗しているのがイスラームなんじゃないかと私は思っています。

＊1　ジブチ　二〇〇九年に施行された海賊対処法に基づく、ソマリア沖、アデン湾の海賊対策のための自衛隊部隊の拠点がある。

＊2　駆けつけ警護　武装勢力などに襲われた非政府組織職員や友好関係にある他国軍部隊を要請に応じて救援する活動。集団的自衛権の容認を受けて成立した安全保障関連法案の中の改正ＰＫＯ協力法の施行によって可能になるが、ＰＫＯの任務に追加された場合、自衛隊が現地の武装勢力と交戦する可能性が懸念されている。

＊3　ジャスティン・トルドー　一九七一年生。カナダ首相。カナダ自由党党首。父は第二〇、二二代カナダ首相のピエール・トルドー。二〇一五年の総選挙では対ＩＳの有志連合の戦闘任務か

ら離脱することを公約としており、選挙での圧勝を受けて実行に移している。

＊4 カール・ハウスホーファー 一八六九年生～一九四六年没。ドイツの軍人、地政学者。一九二一年ミュンヘン大学で地理学教授に就任。地政学を大成し、自然地理的環境と政治の関係を強調。ナチズムの対外侵略の合理化に協力。

補遺

イスラーム法の講和規定について

中田 考

2015年7月、政府軍によって樽爆弾の攻撃を受けたシリアのアレッポ近郊の町

イスラーム戦時国際法の全体構造

イスラーム法の講和規定を理解するには、まずイスラーム戦時国際法の全体構造の枠組みを知る必要があります。

イスラーム戦時国際法はジハードを核に構成されています。ムスリムはマッカでマイノリティとして迫害されていた時には、いかなる反撃も許されていませんでした。

しかし預言者ムハンマドが、マディーナにヒジュラ（移住）し、都市国家を築くと、「戦いを仕掛けられた者は許された。彼らが不正を被ったからである。……」（『クルアーン』二二章三九節）の啓示が下り、防衛戦争としてのジハードが許可されます。

その後、「剣の節」と呼ばれる九章五節「それで諸聖月が過ぎたら、多神教徒たちを見出し次第殺し、捕らえ、包囲し、あらゆる道で彼らを待ちうけよ。だが、もし彼らが悔いて戻り、礼拝を遵守し、浄財を払うなら、彼らの道を空けよ。……」が啓示され、武力によってイスラームを広げるためのジハードが義務となります。

この句ではジハードの対象は「多神教徒」であり、イスラームに改宗しない限り殺すか捕虜にせよ、と書かれています。しかし『クルアーン』九章二九節「啓典を授けられた者たちで、アッラーも最後の日も信じず、アッラーとその使徒が禁じ給《たも》うたものを禁じず、真理の宗教を奉じない者とは、手ずから人頭税（ジズヤ）を支払うまで戦え」に基づき、啓典の民に関しては、人頭税を払えばジハードは終結し、庇護契約の締結による恒久講和が成立し、庇護民として子々孫々に至る永代居住権が与えられることが、イスラーム法の合意事項になります。

ダール・イスラームにおける人頭税を払っての講和

人頭税を払って講和した場合、その土地は、ダール・イスラーム、つまりカリフがイスラーム法によって統治する国土に編入されます。ただし、庇護契約はカリフ、ムスリム側にとっては確定契約なので破棄することはできませんが、非ムスリムには解除可能契約であり、いつでも破棄することができます。非ムスリムの側から庇護契約を破棄した場合にはムスリムとの関係は元の戦闘状態に戻ります。ただし、カリフの力が弱体化し、庇護民を外敵から守れなくなった場合は、庇護契約は失効します。

この人頭税を払っての講和には、戦闘が行われた後に講和する場合と、戦闘になることなく講和が成立する場合に大別されます。戦闘の後に講和が結ばれた場合は、カリフが人頭税を課しますが、人頭税の額は法学派によって違い、ハナフィー派とハンバリー派では富裕者には一年に銀四八ディルハム、中流には二四ディルハム、稼ぎのある貧者には一二ディルハム、マーリキー派では富裕者で金四ディーナールか銀四八ディルハム、シャーフィイー派では最低額は金一ディーナール、中流で二ディーナール、富裕者で四ディーナールです。一ディーナールは金約四グラム、一ディルハムは銀約三グラムですが、預言者ムハンマドの時代の換算率は一ディーナール＝一二ディルハムでした。この人頭税は、成人男性だけに課され、女子供は免じられ、男性でも貧者には課されません。戦争にならず、交渉だけで講和がなされる場合には、非ムスリムの側は人頭税の額を交渉次第でいくらにでも決めることができます。

ダール・イスラームにおける多神教徒との講和

『クルアーン』九章二九節に明記された人頭税の支払いによる恒久講和の対象は「啓典の民」だけですが、教友ムギーラはニハーバンドの戦い（六四二年）の日にゾロアスター教徒のササン朝ペルシャ軍に対して「我々の主の使徒である預言者は、我々に対してお前たちがアッラーフのみを崇拝するか、人頭税を支払うまでお前たちと戦えと命令した」（『ハディース』：アル＝ブハーリー）と述べたと伝えられていることから、イスラーム法は啓典の民でないゾロアスター教徒に対しての人頭税を払っての恒久講和を結ぶことを認めています。

啓典の民以外の多神教徒に対して人頭税を払っての恒久講和を認めるか否かについては、見解が分かれており、ゾロアスター教徒との講和が認められることには法学者の合意が成立していますが、それ以外については見解が対立しています。

ハンバリー派の通説とシャーフィイー派では、啓典の民とゾロアスター教徒だけしか恒久講和は認められませんが、ハナフィー派はアラブの多神教徒以外のすべての非ムスリムとの恒久講和を認めており、ハンバリー派の少数説とマーリキー派ではアラブ人を含むすべての非ムスリムとの恒久講和が認められています。ただし、イスラームからの背教者は例外で、背教者とは庇護契約を結ぶことができないことはすべての法学派の合意事項です。

異教徒の国との一時的講和、休戦協定について

これまで述べてきたのは、人頭税を払っての庇護契約の締結によって住民たちがダール・イスラーム、つまりカリフが統べる地に組み込まれる恒久講和ですが、次にダール・イスラームの外の異教徒の国との間でカリフが締結する一時的講和、休戦協定について論じます。

『クルアーン』は「もし彼ら（異教徒）が和平に傾いたなら、おまえたちもそれに傾き、アッラーに一任せよ。……」（八章六一節）の句が休戦を許している一方、「それゆえ、弱気になって

和平を呼びかけてはならない。おまえたちが勝者でありながらにしては……」（四七章三五節）の句が休戦を禁じています。イスラーム法学はこの二つの句を整合的に解釈し、ムスリムが異教徒よりも優勢な時には休戦は許されないが、ムスリムが劣勢で休戦することで利益が見込める時には一時的休戦が許されるとしています。

異教徒がダール・イスラームに組み込まれる庇護契約による恒久講和と異なり、異教徒の敵国との休戦は、恒久講和でも無期限休戦でもあってはならず、期限付き停戦でなければならないことはイスラーム法学の合意事項です。ただし、休戦期限については学者の間で見解が分かれています。マーリキー派とハナフィー派は休戦期限の決定はカリフの判断にゆだねられるとしていますが、シャーフィイー派は休戦期限の最長を一年とし、ハンバリー派は預言者ムハンマドがマッカの多神教徒との間で結んだフダイビーヤの和議の故事に基づき、最長一〇年としています。

フダイビーヤの和議

六二八年にマッカのクライシュ族たちとの間で結ばれたフダイビーヤの和議は、翌年にムスリムたちがマッカ巡礼を行うことを認める一〇年間の休戦協定でしたが、マディーナからマッカには自由に移住できるが、マッカでイスラームに入信した者が庇護者の許可なくマディーナに移住した場合はマッカに送還するとの条項を含むムスリムに不利な不平等条約でした。

後のイスラーム法学はこのフダイビーヤの和議を典拠に、ムスリムが弱体である場合には不利な条件であっても異教徒と和議を結ぶことを正当化していますが、和議の最長期間を一〇年とするのも、このフダイビーヤの和議にちなむものです。そして弱体である時には不利な条件で休戦協定を結べるため、ムスリムが賠償金を払って異教徒と休戦することも許されます。

このフダイビーヤの和議の交渉においては、当初、ムハンマドは「アッラーの使徒」の肩書で署名しようとしましたが、マッカの多神教徒がそれを拒否したため、「アブドゥッラーの息子ムハンマド」の名前で和議を締結しました。この故事は、他者との交渉において、自己の世界観、価値観の承認を要求しないイスラーム戦時国際法の基本前提になっています。

法的主体は、カリフかその代理人に限られる

異教徒をダール・イスラームに組み込む恒久講和であれ、異教徒の国との一時的休戦であれ、協定を締結する権限を有する法的主体は、カリフかその代理人に限られます。

庇護契約は、集団に対する永代居住権の付与であり、カリフだけの大権ですが、旅行者や貿

易商のような個人に対する一時滞在許可、ビザにあたるものは、イスラーム法においては、ダール・イスラームに住む責任能力があるムスリムであればたとえ奴隷であれ発出することができ、安全保障（アマーン）は誰が出したものであれ、カリフを含むすべてのムスリムを拘束します。この安全保障の典拠は『クルアーン』九章六節「もし多神教徒の誰かがおまえ（ムハンマド）に居留許可を求めてきたなら、アッラーの御言葉を聞くまで居留させ、それから安全なところまで送り届けよ。それは彼らが無知な民だからである」の句であり、背教者を除きあらゆる非ムスリムに対して与えられます。

また異教徒の敵国との休戦協定の締結はカリフにしかできませんが、異教徒の敵軍に包囲され孤立したムスリムの個人や集団がカリフの許可なく降伏することは、六二四年のラジーウの遠征でムスリム軍が降伏したことを預言者ムハンマドが追認したことから許されています。

＊

以上、イスラーム戦時国際法の講和規定を概観しましたが、イスラームの広宣のための異教徒とのジハードが義務であるため、講和、休戦協定の締結がカリフの大権である以上、カリフ制が再興されてカリフと講和、休戦協定を結ばない限り、イスラーム世界との安定的な平和共存がありえないことがお分かりいただけたかと思います。

イスラームが認める合法的な為政者は、ダール・イスラームに住むすべてのムスリムと庇護民をイスラーム法によって統べるカリフただ一人です。イスラーム法に照らせば、現在のムスリム諸国の支配者たちは、カリフの大権の簒奪者《さんだつしゃ》であるか、あるいは西洋の旧宗主国に降伏、屈従して、イスラームの国と宗教を売り渡し、西洋の法制を民衆に強制する代わりに自分たちの支配権のお墨付きをもらった西洋の傀儡《かいらい》にすぎません。

ですから現在のムスリム世界の支配者たちがいかに欧米にすり寄り、「国際社会」との平和共存を唱えようとも、彼らがカリフでない以上、その言葉はムスリム共同体全体を代表するものでもなく、敬虔なムスリムたちの心に訴えるものでもありません。

イスラーム世界にイスラーム法的に合法なカリフ政権が再興されず、西洋を中心とするいわゆる「国際社会」がイスラーム法の命ずるカリフ制再興を武力行使によって妨げている限り、異教徒の侵略に対する反撃、あるいはカリフ制再興の義務を果たすための手段として「国際社会」に対するジハードを行わなければならないと考えるムスリムがいなくなることはないでしょう。

「国際社会」とイスラーム世界との動的均衡による共存は、カリフ制が再興され、カリフが「国際社会」と休戦協定を結ぶことによってしか実現されません。そして人口的にも軍事力においても、圧倒的にイスラーム世界が劣勢である現在、「国際社会」がイスラーム世界に対するあからさまな軍事的、政治的、文化的侵略を止めれば、カリフが国際社会と休戦協定を結ぶことはイスラーム法的に合法であるばかりでなく、理に適《かな》った唯一の選択であることは自明です。

そして、イスラーム世界と「国際社会」の間で休戦協定が結ばれる前であっても、個人のレベルでは、ダール・イスラームに住むムスリムが身元保証して安全保障を与えた者であれば、誰でも安全にダール・イスラームに出入りすることができます。それはカリフ国を自任するイスラーム国でも同じであり、「国際社会」は安全保障を得た使節を送ることによって休戦協定の交渉を行うことができます。

グローバリゼーションの進展により、領域国民国家システムが解体過程にある現在、私たちに求められているのは、西洋のウエストファリア体制を出自とする「国際社会」の正当性の自明視を止《や》め、ほかの文明の論理を内在的に理解することであり、その喫緊の課題がイスラーム文明のカリフ制への対応であると私は信じています。

おわりに　西欧の「普遍理念」という偶像の時代の終焉

中田 考

これまで無批判に信じてきたことをもはや信ずることができない時代、私たちはそんな時代に生きているのではないか。

主権者、人権、平等、自由……。今、シリアで起こっていることは、それらの言葉がすべて実態を伴わないフィクションでしかないことを明らかにしている。

シリア内戦はすでに六年目に入ったが、二六万人を超える市民が不条理に殺されている。彼らが主権者なら、彼らを樽爆弾で無差別に殺害し、包囲し兵糧責めにし、餓死させているアサド政権とは何者なのか。ただシリアに生まれたというだけで不条理に殺害され、餓死させられている彼らに人権が「ある」のなら、「ある」という言葉はどういう意味を持つのか。彼らと私たちが平等であるなら、どうして彼らは今ここにいないばかりか、ここにいることを求めることさえ拒絶されるのか。人が自由であるなら、なぜ自分たちを不条理に殺そうとする者から逃れてここに来ることができないのか。

主権者、人権、平等、自由……。すべてはフィクション（虚構、幻想）でしかないが、人々が疑うことなくフィクション（擬制）として受け入れている限りは、それは真理の仮象をまとう。

選挙が主権者の権利と信じて大統領に投票している限り、自分で考えることをせず、ただ周囲の人々と同じに生きている限り、支配者の定めた掟《おきて》に唯々諾々と従い、彼らが引いた国境という線の中に囲い込まれて、その外に出ようとしない限り、そうした「デモクラシー」のフィクションの虚構性は露呈することなく隠蔽され、人はあたかも自分が主権者であり、生きる権利があり、他の人類と平等であり、どこにでも移り住む自由があるかのような幻想のうちに生きていることができる。

これらの概念は、近代西欧がつくり出し、過去二〇〇年にわたって、普遍的理念であるかのように偽装し、それを共有しない他者を「非 - 人（未開人）」として支配してきたイデオロギーであった。そしてこれまでそれを可能ならしめてきたのは、西欧と非西欧とが国境によって物理的に隔離されており、非西欧の人々の実態が西欧の人々の目から隠蔽されていたからである。

しかしシリア内戦は、ヨーロッパと陸続きのトルコを通じて命からがら西欧に押し寄せる無数の「難民」の姿を否応もなく可視化させた。そして、主権者でもなく、人権とも、平等とも、自由とも無縁なそれらの「難民」の姿、そして「難民」の入国を制限、隔離、輸送、追放する西欧の醜態は、近代西欧が唱道してきた普遍的理念の虚構性を露呈させ、無理やりに「西欧人」の目の前につきつけるものであった。

現在、西欧で起きているムスリム難民排斥運動は、美しい虚構の理念で飾り立てた自己イメージの破綻を否認しようとするヒステリックな西欧の自我の防衛機制に他ならない。西欧は、この現実に直面し、近代西欧文明は普遍的文明などではなく、歴史的役割を終えたローカルな地方文明に過ぎないことの痛みを伴う自覚を迫られているのである。

シリア内戦を契機として西欧で生じつつある文明史的地殻変動の位相を理解するなら、ISによるイスラーム法の奴隷規定の施行の問題に対しても、ヒステリックな自我の防衛反応を引き起こすことなく、世界の支配構造の文脈の中に正しく位置づけることが可能となる。

労働環境の改善を目的とする団体「Walk Free Foundation」の『国際奴隷制指標２０１４(Global Slavery Index 2014)』によると、現代世界に約三五八〇万人にものぼる奴隷が存在している。

そしてこの指標によると奴隷の人口比上位五カ国の一位から五位のうちの三カ国はムスリム国である。一位はモーリタニアの四パーセントで、二位はウズベキスタンで三・九七三パーセント、四位はカタールで一・三五六パーセントとなる。「世界でも最も豊かな国」として、日本のテレビ番組などでも面白おかしく取り上げられるカタールの繁栄が実は奴隷労働に支えられていることは中東を知る者なら誰もが知っている公然の秘密である。

また奴隷の総人口ではパキスタンが、一位のインド一四二八万五七〇〇人、二位の中国三二四万一四〇〇人に次いで二〇五万八二〇〇人で三位につけている。

イスラーム世界におけるこのあらたな奴隷制は、資本主義と領域国民国家システムの西欧によるヘゲモニーによりもたらされたものであり、国民主権、人権、平等、自由などの西欧の虚構の普遍理念はその処方箋《しょほうせん》にはならない。

イスラームの認める合法政体は、イスラーム法が平等に適用される法治空間において一人のカリフの下にすべてのムスリム住民を政治的に統合するカリフ制のみであり、人間を国籍で差別し自由な移動を禁じる領域国民国家システム、人間による人間の恣意《しい》的な支配を許すデモクラシーは、決して認められることはない。人道に反する領域国民国家システムからのイスラーム世界の解放は、このカリフ制の理念に基づいて行わなければならないのである。

今、西欧に求められていることは、過去二世紀にわたって世界支配のイデオロギーとして掲げてきた西欧の政治理念が実はローカルな地方文明に過ぎなかった事実を認め、普遍性の要求を取り下げ、「共約不可能」(トマス・クーン)な価値観を有したカール・シュミット的「敵」である政治的他者としてのイスラームと、「相互理解」など求めないリアリスティックでプラグマティックな「講和」を結ぶ道を模索することなのである。

*

本書は、これまで三五年にわたってヨーロッパのイスラーム移民の問題を定点観測してこられた内藤正典先生が提示されたヨーロッパの対イスラーム関係の変容の歴史的・実証的なデータと、筆者が専門とする規範的イスラーム学の政治理論を照らし合わせ、イスラーム世界との講和の可能性を模索、検討した対談を書き起こしたものである。

本書が、混迷の現代の行く末を見通すための羅針盤となれば、筆者の望外の幸せである。

目次扉写真撮影／山口真由子
章扉、本文内の写真提供／ユニフォトプレス（六七頁、一八三頁の写真を除く）
章扉、統計グラフデザイン／ＭＯＴＨＥＲ
地図（八〜九頁、三〇頁、一三一頁）／クリエイティブメッセンジャー

内藤正典（ないとう　まさのり）

一九五六年東京都生まれ。同志社大学大学院グローバル・スタディーズ研究科教授。『トルコ　中東情勢のカギをにぎる国』（集英社）、『イスラム戦争　中東崩壊と欧米の敗北』（集英社新書）他著書多数。

中田　考（なかた　こう）

一九六〇年岡山県生まれ。イスラーム学者。同志社大学客員教授。『カリフ制再興』（書肆心水）、『イスラーム法とは何か？』（作品社）、『イスラーム　生と死と聖戦』（集英社新書）他著書多数。

イスラームとの講《こう》和《わ》　文《ぶん》明《めい》の共《きょう》存《ぞん》をめざして

集英社新書〇八二五A

二〇一六年三月二二日　第一刷発行

著者……内藤《ないとう》正典《まさのり》／中田《なかた》　考《こう》

発行者……加藤　潤

発行所……株式会社集英社

東京都千代田区一ツ橋二-五-一〇　郵便番号一〇一-八〇五〇

電話　〇三-三二三〇-六三九一（編集部）
〇三-三二三〇-六〇八〇（読者係）
〇三-三二三〇-六三九三（販売部）書店専用

装幀……原　研哉

印刷所……凸版印刷株式会社

製本所……ナショナル製本協同組合

定価はカバーに表示してあります。

　ISBN 978-4-08-720825-2 C0231　Printed in Japan

a pilot of wisdom

内藤正典と中田考の好評既刊

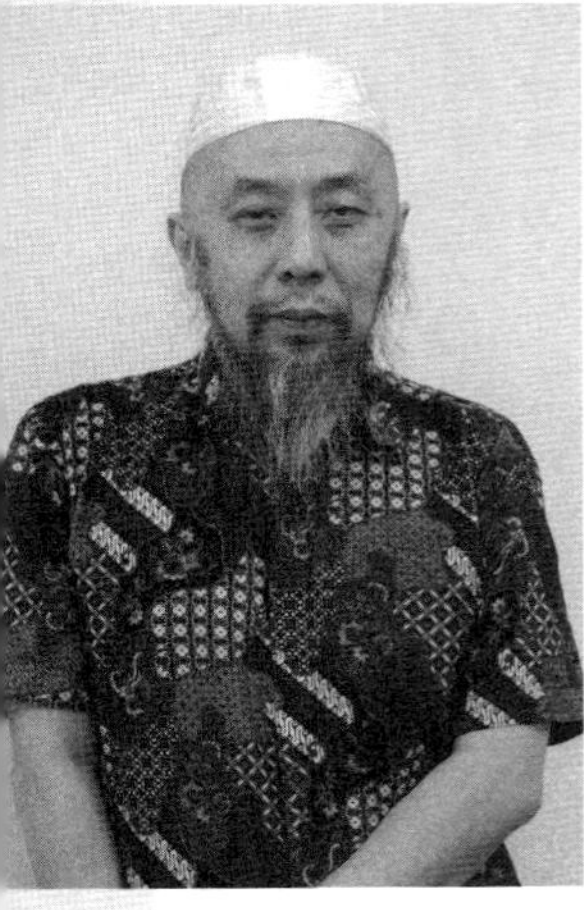

イスラム戦争

中東崩壊と欧米の敗北

内藤正典

対話なき武力行使で解決はない！　間違いだらけの中東政策

内田樹氏（思想家・武道家）推薦

「イスラムをめぐる政治状況を精密なロジックと平明な文体で腑分けしてくれる一冊」

二〇一四年六月、混迷を極める中東に建国を宣言したイスラム国。捕虜の殺害や少数民族への迫害が欧米経由で厳しい批判と共に報じられているが、その過激な行動の裏にある歴史と論理は何か？

　また、本書はイスラムそのものに対するメディアの偏見と、第一次世界大戦時に確立された欧米による中東秩序の限界を指摘。そして、集団的自衛権の行使容認で中東に自衛隊が派遣される可能性が高まる中、日本が今後イスラム世界と衝突することなく、共存するために何が必要なのかを示す。

定価：本体七六〇円＋税　0770-B

イスラムの怒り

内藤正典

ムスリムにとって、命にかえても守る「一線」とは何か？
なぜジネディーヌ・ジダンは、
二〇〇六年ワールドカップ決勝戦で頭突きをしたのか？
なぜムハンマド風刺画問題に、ムスリムは激しく抗議したのか？

二〇〇六年サッカー・ワールドカップ決勝戦で、ジダンは何に激怒してマテラッツィに頭突きをしたのか。この問いかけから、イスラム教徒（ムスリム）は、何に怒っているのか、そして我々のイスラム理解はいかに間違っているか、なぜ西欧はイスラムを嫌うのか、をわかりやすく解きほぐす。ムスリムに対してしてはいけないこと、そしてそれはなぜいけないか、なども豊富な実例つきで解説。異文化交流への道を探る。

定価：本体七〇〇円＋税　0493-A

イスラム
——癒しの知恵

内藤正典

・ムスリムの自殺率はなぜ低いのか
・孤独にならないシステム
・儲かるのも破産するのも神の御意志
今の時代を生き抜くヒントは、イスラムの発想法にある

イスラム教徒は自殺しない？　イスラム教徒の実像は好戦的ではなかった。張り巡らされる癒しの知恵は、助け合いから性にまでおよぶ。

我々はイスラムを、ふだん異質の文化、宗教としてしか認識していないかもしれないが、既存の価値観が崩壊しつつある今、実は彼らから学ぶべき事は多い。日本ではまったく伝えられていない、平安と癒しをもたらすムスリムのメンタリティーを学ぶと同時に、日本人の心の処方箋ともなる一冊。

定価：本体七二〇円+税　0576-B

イスラーム 生と死と聖戦

中田 考

ムスリムの死生観をわかりやすく解説する。
第一人者による、イスラーム思想入門

「イスラーム」すなわち「過激」「危険思想」というイメージを持つ人も多いなか、本来は唯一神・アッラーの存在こそが人間の人間による支配と国家の暴走、対立を食い止める秩序になり得るのだと著者は主張する。国境を越えて勢力を伸ばす「イスラーム国」の現状にも触れながら、ムスリムたちの死生観をわかりやすく解説する、必読の一冊。東京大学先端科学技術研究センター准教授・池内恵氏の解説付き。

定価：本体七六〇円＋税　0764-C

一神教と国家
イスラーム、キリスト教、ユダヤ教

内田樹／中田考

イスラーム学の第一人者と内田樹の一神教問答
何が世界を動かしているのか？

「ユダヤ教、キリスト教、イスラームの神は同じ」「戒律を重んじるユダヤ教とイスラームのコミュニティは驚くほど似ている」「千年以上にわたって中東ではユダヤ教、キリスト教がイスラームのルールに則って共存してきた」。なのに、どうして近現代史において衝突が絶えないのか？

本書は、日本ではなじみが薄い一神教の基礎知識を思想家内田樹とイスラーム学者中田考がイスラームを主軸に解説。そして、イスラームと国民国家、アメリカ式のグローバリズムの間にある問題を浮き彫りにし、今後の展望を探る。

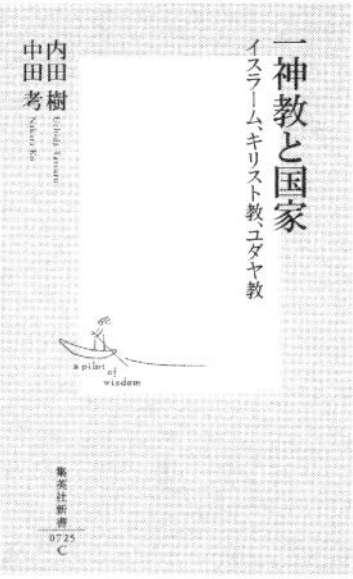

定価：本体七六〇円＋税　0725-C